なぜ道徳は必要なのか

岩田啓成
Iwata Hironari

財団法人モラロジー研究所

はじめに

「日本人は高貴である」と言ったのは、大正末から昭和の初めにかけて、日本に滞在したフランスの駐日大使ポール・クローデルです。

彼は、日本が大東亜戦争の真只中にあった昭和十八年秋、パリの夜会で「私がどうしても滅びてほしくない一つの民族がある。それは日本人だ」というスピーチをして、最後に「日本人は貧しい。しかし高貴である」と述べたといわれます。

戦後六十年、わが国は焦土の中から立ち上がり、世界第二位の経済大国に奇跡的発展を遂げてきました。われわれ日本人は、今日、有史以来経験したこともない物質的豊かさを享受《きょうじゅ》しています。このことはたいへんありがたいことですが、反面、その物質的豊かさとは反比例するかのように、精神的にはますます貧しくなってきたことも事実です。

いったい高貴な日本人はどこへ行ってしまったのでしょうか。失われた六十年といわれますが、はたして何が失われたのでしょうか。

それは、不易《ふえき》あるいは不変を象徴するタテ軸の喪失だと考えます。

すなわち、昭和二十年の敗戦を契機に、占領政策によって二千数百年におよぶわが国の歴史、伝統が断絶されてしまったということです。その結果、われわれ日本人が大切にしてきた倫理道徳、たとえば正直、勤勉、克己《こっき》、礼儀、親孝行、祖先崇拝、先輩尊重、自然との共生といった、人間として生きていくうえで必要な価値が軽視され、無視されてきました。

それと並行して、精神的バックボーンを失った個人主義のみが跋扈《ばっこ》し、さらに悪いことに、それが自分さえよければよいという利己心に毒され、個人主義が利己主義化しつつあるということです。

今日ほど、利己心を抑制し、利己心を克服する道徳を必要としている時はないでしょう。ここに提唱する道徳とは、一般にいう社会規範としての道徳をも内包した、いわゆる人間としての生き方全体を意味しています。すなわち、生き方とは、ものの見方、考え方、そして心づかいや行いのことで、これは広義の道徳といってよいでしょう。したがって、本書のタイトル『なぜ道徳は必要なのか』の道徳とは、そのような生き方としての道徳と理解していただければ幸いです。

さて、財団法人モラロジー研究所は、大正十五年に創立され、今年で八十周年を迎えます。千葉県柏市に拠点をおいて、倫理道徳の研究と、それに基づく心の生涯学習を全国的に展開している社会教育団体です。

創立者である法学博士廣池《ひろいけ》千《ち》九郎《くろう》は、人間の正しい生き方を聖人に求め、聖人の生き方に一貫する道徳原理を最高道徳と命名しました。最高道徳こそ、人間を真の幸福に導き、世界の平和を実現する原理であることを科学的に実証しようとして、総合人間学としてのモラロジー（道徳科学）を確立しました。

モラロジー研究所は、社会教育や各種研修等の多目的な機能を備えた生涯学習センターを持っています。私は、昭和五十九年から五年間、岐阜県瑞浪《みずなみ》市にある「モラロジー瑞浪生涯学習センター」（以下、瑞浪センター）のセンター長を務めました。

当時は、五泊六日の社会人対象の講座を、年間二十回開催しており、一年で約二千人の受講者がありました。センター講座には、老若男女、職業もまちまちで、また人生上のさまざまな問題をかかえている人も多数受講されていました。

私は、五年間のセンター生活で、多くの方々との出会いがあり、そして貴重な体験をさせていただきました。そこで痛感したことは、人間は誰もがすばらしい、かけがえのない宝物を与えられているということです。その宝物とは、どのような問題でも解決する力、あるいはどのような人ともよい人間関係を築く力、すなわち「道徳心」ということです。

大切なことは、まずその宝物を生まれながらに持っていることに気づくことです。そして、生涯にわたってその宝物を育てていくことが、人間として価値ある人生を全《まっと》うできるということです。

今回、ここに紹介する事例は、ほとんどがセンター講座を受講された方々です。プライバシーに配慮して表現等に注意を払っているものの、実際に私が直接面接し、相談に乗った方々です。家庭教育にかかわる問題、夫婦、親子、嫁《よめ》姑《しゅうとめ》といった家庭内の人間関係上の問題などで悩み、苦しむ方々が、モラロジーによってなんとか問題を解決したい、あるいは苦しみから逃れたいという切なる思いで、センター講座を受講されるのです。したがって、面接のときは、まさに真剣勝負です。どうかこの方が助かりますように、少しでも苦しみが軽くなりますようにと祈る気持ちで面接させていただきました。

その意味では、私自身の勉強でもありました。この方々によって、私自身が育てていただいたと心から感謝しております。

平成十八年八月

岩田啓成

なぜ道徳は必要なのか

目次

装　丁　山田英春

第一章

人生と道徳

一　一回きりの限られた人生

私たち人間がこの世に生を享《う》けるのは、一回きりです。仏教では輪廻転生《りんねてんしょう》といって、一度死んでもまた生まれかわることができるといいます。しかし、それは信仰の世界のことであって、現実にはあり得ないことです。

一回きりの人生をいかに生きるか、これは、人間に与えられた永遠の課題といえましょう。

さらに、限られた人生だということです。今日、日本人の平均寿命は、男子が七十八歳、女子は八十五歳で、世界一を誇る長寿国です。しかし、いくら長生きしても、例外を除いて、せいぜい百歳まででしょう。人間は永遠に生き続けることはできません。だからこそ、いかに生きるかが大事な問題になってくるのです。

私たちは、ややもするとこの大事な問題を考えることなく、毎日を平々凡々と送りがちではないでしょうか。朝がきたら目をさまし、夜がきたら眠るという毎日の繰り返しで、気がついたら一年が過ぎていたというのでは、充実した人生を送ることは不可能です。

私たち人間は、この世に誕生した瞬間から死に向かっているのです。生まれるということは死ぬことであって、これほどはっきりした因果関係はありません。

最近、人間はどういう死を迎えることが望ましいかに関心を持つ人が増えてきています。聖路加《せいルカ》国際病院の理事長日野原重明《ひのはらしげあき》先生は、「よく生きることが、よく死ぬことにつながる。つまり生と死は同じ線上にあると考えよ」と言っておられます。まことに至言で、すなわちよりよく生きた結果として、私たちはよりよく死を迎えることができるのです。

それでは、よりよく生きるとは、どういう生き方をいうのでしょうか。

相対性理論を唱えた世界的科学者アルバート・アインシュタイン博士は、

「人間として最も重要な努力は、道徳性を高めるために懸命に努力することである」「われわれの活動における道徳性だけが人生に美と威厳を与えられる」と言っています。

私たちは、一回きりの人生をいかに生きるかを考えるうえで、このアインシュタイン博士の「道徳性を高める」という言葉の中に大きなヒントを見いだすことができると思います。

二　生かされて生きている存在

私たちは、ややもすると自分は自分の力で生きていると考えがちです。しかし、自分という人間が今日存在するのは、本当に自分の力によってでしょうか。

私たちは、両親の愛の結晶によってこの世に生存を許され、両親の無償の愛を受けて成長し、今日の存在があるのです。これは誰も否定することのできない事実です。さらに、両親にはまたそれぞれの親、すなわち祖父・祖母がおり、祖父・祖母には曾祖父、曾祖母がいたのです。十代さかのぼると約千人、二十代さかのぼると、実に約百万人の祖先がいたことになります。

このように、自分という命は、無数の祖先からなる「いのちの連続」によって存在していることが分かります。

また、自然の恵みをはじめ、広くは多くの先人先輩たちの努力と犠牲によって築かれた文化の恩恵、身近には今日までお世話になった多くの恩師や恩人などの影響を受けて、今日の自分という存在が成り立っているのです。

このように私たちは、生かされて生きている存在であることをまず自覚すべきではないでしょうか。この自覚ができてはじめて、親、祖先への感謝の気持ちが自然に湧《わ》いてきます。今まで何も感じなかった自然の恵みのありがたさに気づくことができるでしょう。また今までお世話になった恩師や先輩に対しても、忘れることなく感謝の気持ちを持ち続けることができるでしょう。

三　自分の人生は自己責任

自分の人生は自分が責任を持って生きる、これが人生の鉄則です。これは自明の理とはいえ、現実には責任を他に転嫁したくなるのが人間の弱さです。

自分にふりかかったいかなる問題も自分自身の問題として真正面から受けとめ、そして自分の力で問題解決に立ち向かっていくことのできる人は、おそらく数少ないでしょう。たいていは誰かに相談して、問題解決の糸口や具体的方法をアドバイスしてもらいたいと考えるのが普通です。

その場合、アドバイスどおり実行してよい結果が得られればよいのですが、もし結果が思いどおりにならなかったら、どうなるでしょうか。あの人のアドバイスが誤りであったと、責任を他に転嫁《てんか》したくなるのが人間の常です。自分の責任は棚に上げて、他人のせいにしたくなるものです。

他にアドバイスを受けることは、むずかしい問題ほど必要でしょう。しかし、問題のいかんにせよ、その問題の解決に取り組むのは自分自身ですから、その結果の良否にかかわらず、それはすべて自分が責任をとるのが当然のことです。

このように、人生そのものは誰も代わることができないのですから、最終的にはすべて自己責任であることを銘記すべきです。

四　人間には無限の可能性がある

私たち人間は無限の可能性を秘めているといわれます。大脳生理学では、人間の脳、とくに前頭葉の働きについては、九〇%以上が未開の分野だというのです。また心の働きも無限であるといわれています。

臨済宗の開祖栄西《えいさい》禅師は、「天の高さは計り知れない。しかし、心は無限に広がる天に飛翔《ひしょう》していくことができる。地はどこまでも深く底にたどり着けない。しかし、心はその底をつき抜けていく」といっております。

このように、心の働きが無限であることは、人間には無限の可能性が秘められていることを意味しています。人生をいかに生きるかの命題を与えられている私たちにとって、この栄西禅師の言葉は、大きな示唆《しさ》を与えてくれるのではないでしょうか。

五　人間にとって最高の価値とは

中国の古典『孟子』告子《こくし》上篇に「天爵《てんしゃく》を修《おさ》めて人爵《じんしゃく》これに従《したが》う」という教えがあります。天爵とは、天すなわち神から与えられる爵位のことです。これは宇宙自然の法則に適った生き方（詳しくは23、31ページを参照）を通して体得することができるというのです。そして天爵を修めた結果として、人爵、すなわち幸福が与えられると、聖人は教えています。

このように聖人は、人間にとって最も価値あるものは、天爵すなわち「品性」であると教えています。品性とは、人柄とか品格ともいわれているもので、これは手にとって見ることはできません。すなわち長年にわたる精神作用と行いの累積の結果として、全人格ににじみ出てくるものが、品性といえましょう。人間が生きていくうえで、知力、体力、金力、権力などは必要な力です。しかし、それらの力を真に有益に生かすのが、品性です。品性こそ、人間にとって最高の価値といえましょう。

一般にお金さえあれば幸せになれると考えて、日夜奮闘努力して生きている人がいかに多いことでしょう。確かに、お金は生活するうえで欠くことはできません。

最近若い人たちの世界で、とみに拝金主義が蔓延《まんえん》しているように思います。お金さえあれば何でも手に入れることができる、お金さえあれば幸せになれると考える人が増えてきています。極端な例は、人の心もお金で買えるという人さえいますが、はたしてそうでしょうか。

ものごとには、本末というものがあります。何が本で何が末か、この本末を転倒しているのが、今日の社会の実態です。枝葉末節にとらわれて、根本を見失う生き方は、人生の途中で必ず挫折《ざせつ》し、不幸な人生を招くことになるでしょう。

人間にとって、品性こそすべての根本であって、最高の価値であることに思いをいたすべきです。

六　神から与えられた宝物

人間は等しく神からすばらしい宝物が与えられています。その宝物とはいったい何でしょうか。

モラロジーの創建者廣池千九郎は、人間についてあらゆる角度から学問的に研究した結果、人間の生存は自己保存の本能と道徳的本能の働きによって可能であることを、明らかにしています。自己保存の本能とは、食欲、性欲、集団欲といった基本的欲求をはじめ、生存欲、所有欲、自己顕示《けんじ》欲、創造欲といった欲求のことです。

この欲求自体は生存に必要な欲求であって、善でも悪でもありません。しかし、自己保存の本能は必然的に利己的本能となっていくというのです。それを抑制するのが道徳的本能ですが、その働きはきわめて弱く、私たちは圧倒的に利己的本能に支配されて生きているといえましょう。

道徳的本能は「道徳心」ともいいます。昔から「道心《どうしん》これ微《かす》かなり」（『尚書』）といわれていますが、実は「道徳心」の大小、強弱が人間の価値を決定づけるのです。

神はすべての人に、宝物である「道徳心」を与えました。私たちは、まずこの宝物を与えられていることに気づくべきです。そして、その宝物を大切に育てていく生き方こそ、アインシュタイン博士の「道徳性を高める」ことであり、これがこの世に生を享けた私たちの最大の課題といえましょう。

七　自己を真に生かす力

一般に道徳といえば、社会の秩序を保つためのエチケットやマナーといった社会規範として捉《とら》えられています。また、自分のことよりも他人のことを優先することが道徳であるかのように考えられています。しかし、モラロジーでは、道徳を「人生をよりよく生きる生き方」として広い意味で捉えています。そして、道徳の実行が自分自身にとって真に価値ある生き方であることを明らかにしているのです。つまり、「道徳心」とは何かと問われれば、「自分を真に生かす力」と言い換えることができます。

私たちは、誰もが幸せな人生を送りたいと願っています。しかし、幸せを求めて一生懸命努力しても、必ずしも幸せを手にするとはかぎりません。むしろ求めれば求めるほど、逆の方向に行ってしまうケースが多いのです。

それは、いったいなぜなのでしょうか。

この宇宙自然の中に生命が誕生したのは三十五億年前といわれています。最初は、アメーバのような微生物から、やがて脊椎《せきつい》動物となり、魚類、両生類、爬虫《はちゅう》類、鳥類、哺乳類、サルと進化発展して、二足歩行を始めて人間となったのは、今から五百万年前だというのです。私たち人間は、宇宙自然の中で生成発展してきた自然の一部なのです。

また、この世の中は、目に見える世界と目に見えない世界から成り立っています。宇宙自然の現象は目に見える世界です。この宇宙自然の現象を動かしているのは、目に見えない宇宙自然の法則です。これは、ちょうど人間の肉体と精神の関係と同じで、目に見えない精神が肉体を支配しているのです。

このように宇宙自然の法則が働いて、その法則に従って宇宙自然の現象が運行しているとするならば、自然の一部である人間も、例外なく自然の法則に従わなければ、生存を全うすることはできないでしょう。

大宇宙に対して、人間は小宇宙といえます。小宇宙が大宇宙につながったとき、私たちは宇宙自然の法則に従ったことになります。つまり大宇宙につなげてくれるのは、神から与えられた宝物、すなわち「道徳心」なのです。「道徳心」こそ、真に自己を生かす力であり、私たちを真の幸せに導いてくれる原動力といえましょう。

道徳心が大宇宙につながる力とするならば、反対にそのつながりを切るのは、利己心の力といえます。私たちの心の中には、この道徳心と利己心が共存しているのです。

残念ながら、利己心の働きは圧倒的に強く、道徳心の働きはきわめて弱いといえます。したがって人間は本来自分中心に考えるようにできているのです。たとえば人間関係でうまくいかない場合、その原因は自分にあるのではなく、相手にあると考えるのが普通です。それは、相手が自分の考えに反対したとか、自分の感情を害するようなことを言ったからだと、すべて原因は相手にあると考えがちです。そして相手を心で責めたり、打ったりして人間関係をますます悪化させていくのです。これは自己中心の利己心の働きといえます。

また、まじめで正義感の強い人は、不まじめな人や不正を働いた人を決して許すことができません。これも己の利己心がそうさせるのです。

その他、高慢、我慢、強情、見栄、嫉妬《しっと》、無責任、自暴自棄《じぼうじき》など、これらもすべて利己心の働きといえましょう。

私たちは、この世で自分がいちばん大切な存在だと思っています。だからこそ、自分の間違いや非を認めたくないのは当然のことです。そういう自分中心の私たちが、社会生活を営んでいるのですから、本来、人間関係がうまくいくはずがないのです。

しかし反面、私たちは人間関係をよくしたい、周りの人と仲よく暮らしたいという願望があります。その願望が長い年月をかけて、社会のルールを生み出し、道徳を発達させてきたのではないでしょうか。

私たちは、温かい人間関係を通して他者と共存、共生していくためには、道徳心を働かせる以外に道はありません。相手を思いやる心、愛する心、認める心、与える心、許す心、共感する心、傾聴《けいちょう》する心、感謝の心、祈る心、育てる心、尊敬する心、反省する心など、これらの心はすべて道徳心の働きです。

まさに道徳心は、すべての人に与えられた神からの贈りものです。この宝物を生涯かけて、いかに育てていくかが、人間として最も美しい生き方であり、その生き方を求めて努力していくところに、人間の人間たる価値があるのではないでしょうか。

第二章　幸せの座標軸

一　宇宙の法則に従う生き方

松下幸之助氏のお弟子さんの一人に木野親之《きのちかゆき》という方がおられます。木野さんは、松下電送を世界一のファクシミリ・メーカーに育て上げた、日本を代表する経営者の一人です。

木野さんは学生時代に、友人と一緒に初めて松下幸之助氏に会いました。そのとき松下氏から、「君たちは、人間は強いと思うか、弱いと思うか」と質問されたといいます。木野さんたちは「弱いと思います」と答えました。

そうしたら松下氏は「君たちは弱いといったが、それは君たちの考えではなく、学校で習ったことではないのか」と言いました。

そこで、「どうしたら強くなれるんですか」と問い返すと、「太陽は東から昇って西に沈む。春の次は夏がきて、秋になり、冬がくる。これは逆になることは絶対にない。こういう自然の法則を君たちは認めるか」と尋ねられたので、「もちろん、認めます」と答えました。そうしたら松下氏は「この自然の法則は人間の力を超えたもので、どうすることもできない。それを仮に宇宙自然の法則と名づけよう。この宇宙根源の法則に乗ったとき、人間は強くなれるんや。それが人間本来の姿や」と言われたので、「どうすれば宇宙根源の法則に乗れるんですか」と尋ねると、「素直になることだ」と諭すように話されたといいます。

それでは、宇宙自然の法則とは具体的にどのような法則をいうのでしょうか。まず第一に、調和の法則というのがあります。たとえば水（H_2O）は、燃えやすい水素（H）と何物をも燃やす酸素（O）の原子が化学反応で結合したものです。全く異質なものが、このように相互にバランスをとって安定した形をつくるのは、まさに調和の法則の働きによるものです。

宇宙は、男性と女性、電気のプラスとマイナス、陰と陽、動物と植物といった、異質のものが相互に調和しなければ生存できないことを教えているといえます。

次に、相互扶助《ふじょ》、すなわち共存、共生の法則です。たとえば、私たちが食事をするとき、口に入れた食物をよく噛《か》むのは、胃の中で消化しやすくするためです。そして胃では胃液の分泌作用によって、腸で血となり肉となりやすいように条件を整えます。このように、口は胃のため、胃は腸のために働くことによって、全身を生かしているのです。

宇宙は、万物が相互に助け合わなければ、独力で生きていくことができないことを教えています。

三つ目は循環の法則です。たとえば、太陽の熱によって海の水は水蒸気となって大空へ昇り、雲となります。その雲が風の力によって陸地に運ばれ、雨となります。その雨が川となって海へ帰っていきます。

このように、循環の法則によって、地球上のすべての生物は生かされていることが分かります。

その他、宇宙自然の法則には、進化の法則や因果の法則などがありますが、宇宙のすべての現象は、これらの目に見えない法則の働きに支配されているのです。

自然の一部である私たち人間が、宇宙自然の法則に従うにはどういう生き方をすべきかを教えたのが、いわゆる聖人といわれる方々です。

釈迦《しゃか》は慈悲の心を、イエス・キリストは愛を、孔子は仁の精神、ソクラテスは正義を説き、それを自ら実践して、人類に正しい生き方を示されました。いいかえれば聖人は、宇宙自然の法則とは、万物を生成発展させる慈悲の心であることを精神的に意味づけたといえましょう。

二　万物を育てる慈悲の心

私たちは、家庭生活の恩人、社会生活の恩人、国家生活の恩人、精神生活の恩人といったさまざまな恩人の恩恵を受けて、今日の自分という存在があるのです。

モラロジーでは、それらの恩人の系列を「伝統」といい、大宇宙の神に精神的につながるにはその伝統を通じてつながりなさい、と教えています。

たとえば、家庭生活においては、親、祖先が伝統にあたります。したがって、親、祖先を尊重し、その恩恵に対して心から感謝の念が起きたとき、私たちは大宇宙の神につながったことになります。

ここでいう神とは、特定の宗教の神ではなく、それらを越えた宇宙そのものを指しています。したがって、宇宙に生存する生きとし生けるすべてのものを等しく慈しみ、育てる慈悲の心こそ、神の心といえます。

私たちが神につながるということは、言い換えれば、神の心である慈悲心を自分の心の中に実現していくことです。そして、その実現の方法は、まず、恩人である伝統に感謝の誠を捧げて、大宇宙の神につながり、次に自分にかかわりのあるすべての人に対して、祈る心、思いやる心、愛する心を働かせることです。

こういう他者への働きかけを通して、私たちの道徳心は育っていくのです。

また、「謙は尊くして光る」（『易経』）という教えがあるように、人間の謙虚さというものは、人間の英知を超えた偉大なる宇宙の働きを認め、その働きに順応したときに、自らその光を放つのでありましょう。すなわち温かい思いやりの心で人のために尽くす「謙譲の人」となることができるというのです。

歴史作家として一世を風靡《ふうび》した吉川英治氏は、生前「われ以外みなわが師」なりと自戒され、生涯にわたって謙虚な態度を貫かれたといいます。

吉川氏は「生涯一書生というのが、わたしの生活信条です。たとえ、先生とか大家とかいった言葉をもって他から呼ばれようとも、自分ではあくまでも一書生の気持ちを失わない。どこまでも一書生の謙虚と精進とで貫いていく。これがわたしの信条であり、また生活態度である」と述べています。

私たちの心の中には、道徳心と利己心が共存しています。ところが道徳心の働きは実に弱いもので、圧倒的に利己心の働きが強いといえましょう。

三　道徳心と利己心

人間の心の働きには、育てる心と壊す心があります。すなわち、心が望ましい形でプラスに働けば、それは育てる心といえます。望ましくない形でマイナスに働けば、壊す心といえます。育てる心を道徳心、壊す心は利己心と言い換えることができます。

人間には基本的欲求、つまり食欲、性欲、睡眠欲、集団欲などのほかに、他の動物にはない欲求が四つあるといわれています。

一つは物事を考え、創り出す創造欲、二つ目はより長く生きたいという生存欲、三つ目は物やお金がほしいという所有欲、そして四つ目は人に負けたくない、人によく見られたいという自己顕示欲です。

これら四つは、頭の前頭葉で働く欲求で、それ自体は善でも悪でもありません。ただその欲求が望ましくない形で表に出てくると問題があります。

たとえば、所有欲が分かりやすいと思うのですが、自分で努力した末に物やお金を得る、これはあたりまえのことで悪いことではありません。しかし他人の物を盗んでまで手に入れるということになると、これは利己的な壊す心といえます。

人間の心はいつも動いていて、あるときは育てる心の状態にあったかと思うと、利害、感情に反した場合、一瞬にして壊す心に豹変《ひょうへん》します。

たとえば、思いやりの心で誰かの相談に乗ったとします。ところが、その人が自分を裏切るような行動をとったとしたら、瞬時に相手を責める心に変わってしまいます。

相手を責める心は壊す心です。このように、育てる心と壊す心は背中合わせに存在していて、環境や条件によって、いくらでも豹変するのです。

人間はどちらの心を働かせることが多いかといえば、残念ながら圧倒的に壊す心、すなわち利己心だといえます。つまり、人間はもともと自分中心に心が働くようにできているようです。何か人間関係でトラブルがあっても、相手が悪いのであって自分は間違っていないと考えがちです。

人間の心をたとえていえば、餡《あん》が少ししか入っていない、ほとんどが皮のお饅頭《まんじゅう》といえるかもしれません。餡が育てる心で、皮が壊す心です。こんなお饅頭を食べてもおいしくないと思いますが、これが人間の心の働きの実態ではないでしょうか。

昔から「人心これ危《あや》うく、道心これ微かなり」(『尚書』)と言われているように、人間は利己心が圧倒的に多く、思いやりの心、道徳心の働きというのは、非常にわずかだといえます。

しかし、私たちはお互いに助け合って生きていかなければ、生存を全うすることはできません。自分さえよければよいという考え方をする人ばかりなら、社会の秩序を保つことは不可能で、安心して生活することはできません。

そこで、先人先輩は何を考えたかというと、これだけは守りましょう、これだけはしないでおきましょうというルールを作りました。たとえば、他人の物を盗まない、人を傷つけないなどです。

そこから始まって、よりよく快適に生活するために、お互いに挨拶をしましょうとか、人に親切にしましょうとなって、だんだん高度な道徳に発達していきました。

このように人は皆、お互いに思いやりの心を働かせて、温かい住みよい社会を望んでいるのです。

ところが、道徳心すなわち育てる心の働きは弱く、利己心すなわち壊す心のほうが強いため、現実は争いごとが絶えません。争いごとは利己心と利己心がぶつかったときに起こります。争いごとを避け、お互いが仲よくするためには、道徳心と道徳心、つまり育てる心同士で関係を作っていけばよいことになります。これが心の働きの第一の特色です。

こちらが育てる心で接すれば、相手からも育てる心が返ってきます。こちらの心の働きが相手の心を刺激するのです。たとえば、こちらが相手を尊敬すれば、相手もこちらを尊敬してくれます。信頼すれば信頼が返ってきます。反対に、軽蔑すれば軽蔑されるし、悪口には悪口が返ってきます。だからこそ、道徳心を働かせることが大切になってくるのです。

心の働きの第二の特色は、道徳心と利己心は絶対同時に働かないということです。つまり道徳心が働いているときには、利己心は働きません。たとえば、愛して憎むことは同時にできません。愛しているときは、憎しみの心は働かないのです。逆に憎んでいるときは、愛の心は働かないのです。だとすれば、心は一つなのですから、意図的に意識して、努めて道徳心を働かせるようにすればいいのです。

一日は二十四時間です。そのうち道徳心を働かせる時間が一時間、二時間と増えていけば、利己心が働く時間は二十三時間、二十二時間と減っていきます。減っていくというよりは、働かなくなるということです。したがって、「悪い心をよい心に変える」という発想ではなく、「よい心を大きくすることによって、悪い心が小さくなる」と考えたほうがよいと思います。

人間は自分中心の自我（利己心）のかたまりみたいなものです。その自我を取ろうとしても、取れるものではありません。それよりも、感謝の心、祈る心、思いやりの心を日常生活の中で積極的に働かせて、道徳心を大きくしていけば、自然と自己中心の自我は取れていくことになります。

ロシアの文豪ドストエフスキーは代表作の『カラマーゾフの兄弟』の中で「人生とは神と悪魔の戦いである。その戦場は人の心である」と言っています。

まさに、神とは道徳心のことであり、悪魔とは利己心のことを意味しているといえます。

だからこそ、私たちは日々の生活の中で、たえず道徳心を活性化させる必要があるのです。

四　人間生活の原点は感謝の心

それでは、「育てる心」を具体的に大きくしていくには、どうすればよいのでしょうか。

まず、感謝の心を働かせましょう、ということです。感謝の心はどこから出てくるかというと、自分が生かされている存在であることを自覚するところからです。人間はこの世にたった一人で生まれてきたわけではなく、親をはじめ、いろいろな人々のお蔭《かげ》でここに存在しているのです。生きているのではなく、生かされているのです。

自分は命の連続性の中で、多くの命とつながり合って生きていることを知るべきです。すなわち、祖先がいて、親がいて、自分を生み育ててくれたお蔭で今日があるのです。自分がここにある原因は、間違いなく親、祖先にあります。その原因を心でしっかり受けとめるから「恩」という字になり、原因を作った人を「恩人」と言います。

まさに親祖先は自分にとって大恩人です。そう考えれば、その方々に感謝する気持ちが自然に湧いてくるでしょう。

このように、生かされていることに思いを馳《は》せれば、今まであたりまえだと思っていたことがそうではなくなるでしょう。

たとえば、朝目が覚めたとき、今日も私は生かされて生きている、「ありがたいな」という気持ちが起きるでしょう。朝ご飯をいただくときには、自然に手を合わせて「いただきます」と感謝の言葉が出てくるでしよう。また、家を出るとき、今日もこうして元気で働かせていただくことができるのは、健康のお蔭で、「ありがたいなあ」、と素直に感謝することができます。

耳が聞こえる、目が見える、ありがたいことです。口がきける、ありがたいことです。自分は歩くことができる、手も自由に使える、本当にありがたいことです。このように日々の生活の中でお蔭さまに気づけば気づくほど、感謝の気持ちが湧いてくると思います。

熊本県在住の、農業を営んでいた大野勝彦さん（六十二歳）は、平成元年四十五歳のとき、肥料散布機の掃除中に、誤って両手を失うという不慮の事故に遭遇しました。

大野さんはその逆境に屈することなく、不自由な義手の生活の中で、絵を画き、文字を書き、そして自動車の免許をとって、全国各地へ講演に出かけ、さらに『両手への讃歌』『さよならのあとに』の著書も出しておられます。

その大野さんが、

「私は手がまだあるとき、一回も自分の手に対して、『ありがとう』と言ったことがありませんでした。

他の人が手を持っていてもあたりまえ。友だちが持っていて、自分が持っていてあたりまえ。一度も感謝の気持ちを、手に言ったことはありませんでした。たぶん、今私に手がついていたら、私は毎日寝る前に手を見て、『今日は世話になったねえ、ありがとう』と言ってから寝ると思いますが、現在の私には残念ながら、それができません」

と言われています。

また平成四年、大野さんは、熊日新聞の主催する五十周年記念事業の一つ、「あなたにとっての豊かさとは」の作文募集に応募して見事、熊日賞のグランプリに輝きました。

その作文の中で大野さんは次のように書いています。

「私の一日には、何十回、何百回もの幸せがやってくる。無くした両手の贈りものなのです。真の豊かさとは、何ものでもない自分の心の中にある。『ありがとう』という、感謝の気持ちの中にあるもの。

生まれたすぐの赤ん坊でも、与えられた時間は八十年。まして生身のこの体、明日にもその旅立ちが待っているかもしれません。

やがて訪れるだろう死を認めたうえで、周囲の人に、そして自分の命に感謝しながら、明るく豊かに生きたい」

また、医学博士の塩谷信男《しおやのぶお》氏は、「とくに大切なのは、感謝の心ですね。何でもないようなことでも、感謝する。何にでもありがとうと思えるように、癖になるまで努める。すると、大宇宙の摂理《せつり》に生かされている自分を否《いや》が応《おう》でも感じるようになる。何事でも感謝せずにはいられなくなる。感謝せずにはいられないようないいことが、次々とわが身に起こるんですな」と言っておられます。

このように、私たちが人生を生きていくうえで、最も大切で根本的な心づかいは「感謝の心」であるといえます。

五　本当の親孝行とは

ある仏教関係の団体役員をしているという方が瑞浪センターを受講され、最終日の感想発表で、次のような話をされました。

「私には八十歳になる父と、七十五歳になる母がおります。私は、毎年両親に全国の温泉地や観光地に行ってもらっています。もちろん、私の招待ですから、航空券やホテルなどは、すべて私が手配しています。私の知人からはみな、あなたは親孝行な人だと褒《ほ》められ、私自身もそう思ってきました。

ところが、今回センター講座を受講して、本当の親孝行とはどういうことかを学びました。今までの私は、親、祖先のお蔭で生かされて生きているという感謝の意識がほとんどありませんでした。ただ親孝行のつもりで、昨年は北海道、今年は鹿児島へと両親に行ってもらいましたが、はたして両親は喜んで行ってくれていたのだろうか。私の自己満足のために、両親を無理やり旅行させていたのではないだろうかと、深く反省させられました。

私が今までやってきた親孝行は、形のうえではよいことのように見えますが、親の立場に立って親に安心を与える思いやりの心ではなかった、すなわち自己中心の利己心であったと気づかせていただきました」と。

モラロジーの創建者廣池千九郎も、生涯にわたって親に孝養を尽くしました。長男で郷里の大分県中津を出た廣池は、寸暇を惜しんで学問に没頭しながらも、たえず親を思う気持ちを持ち続けました。

たとえば、歴史学者をめざして京都に出たときには、赤貧を洗う苦しい生活の中でも、『平安通志』（明治二十八年、平安遷都千百年を記念して、京都の歴史をまとめた書物）の編纂《へんさん》でお金が入ると、九州から両親を招き、京都見物をさせています。また『古事類苑《こじるいえん》』（明治年間から大正にかけて編纂された、わが国最大の百科事典）の編纂のために東京に住んでいたときにも、両親を東京見物に招いていていますます。さらに珍しいお菓子などをいただくと、郷里の両親に送るなど、徹底して孝養を尽くしました。

ところが、大正元年の生死をさまようまでに衰弱した大患《たいかん》で、精神の大転換をはかった廣池は、今までのような親孝行をしてきたと思う、その心が利己心であることに気づきました。そして、やってもやっても、やり足りないという低い、謙虚な心で行う親孝行が、真の親孝行であると悟ったのです（第四章参照）。

昔から「孝は百行の本《もと》」といわれています。私たちはまず、親の無償の愛に思いをいたすべきでしょう。そうすれば、生かされて生きていることに感謝する気持ちが自然に湧いてきます。その感謝の心こそ、人間にとって最高の価値である品性を形成する根源となるのです。

六　人間関係をよくする祈りの心

そういう感謝の心を働かせる一方で、私たちは家族や友人、会社の同僚など、多くの人とのかかわりの中で生きているわけですから、その人たちに対して、今日も一日、幸せにお過ごしください、と祈る心を働かせるのです。

できれば、朝起きたときと夜寝る前に神棚か仏壇の前で、自分とのかかわりのある人々の幸せを心から祈ることをお勧めします。やはり、人間は、神聖な場所に身をおくと、心が落ちつき、素直になることができるからです。

朝起きて家族に「おはよう」と言うのなら、祈りの心をこめて「おはよう」を言いましょう。会社に出勤して、職場の方々に祈りをこめて「おはよう」と言えるように心がけましょう。その幸せを願う祈りの心で接していけば、よりよい人間関係を築くことができるでしょう。

この祈りの実践は、対象者が自分の知らない人であっても、いつでも、どこでもできます。

たとえば、電車に乗っていて、隣に座っている人に、心の中で「どうか幸せになってください」と祈ることもできます。車を運転していても、対向車の運転している人に「どうか安全運転で事故がありませんように」と祈ることもできます。このように、やろうと思えば、いつでも、どこでも実行することができるでしょう。

要するに、対象者が誰であれ、相手を祈ることによって、自分自身の心が豊かになっていけばいいのです。また、知っている人が祈りの対象者であれば、必ず人間関係はよくなるでしょう。祈る対象が子供であれば、親子の関係はよくなります。夫は妻の、妻は夫の幸せを祈れば、夫婦の関係はよくなります。職場の皆さんの幸せを祈る心を持てば、職場の人間関係はよくなります。このように、出会う人一人ひとりの幸せを祈る心で接していけば、よりよい人間関係を築き、幸せな人生を送ることができるでしょう。

七　祈りの効用

「病は気から」といわれるように、近年、私たちの心の状態が肉体に大きな影響を与えることが分かってきました。

平成十五年九月九日の産経新聞の「正論」欄に、筑波大学名誉教授・村上和雄先生が、祈りが治療上有効である実験例を紹介されています。

これは、アメリカでの話ですが、三百九十三人の心臓病患者の実験結果です。

「他人に祈られた患者はそうでない患者より、人工呼吸器、抗生物質、透析《とうせき》の使用率が少ない事実が分かった。しかも東海岸側からの祈りも、西海岸にあるこの病院に近いグループからの祈りも同様に効果があった。そして、これらの患者は祈られていることすら知らなかった」

というのです。まさに祈りの心は時間、空間を超越して瞬時に相手に届くといわざるをえません。

さらに村上先生は、

「祈りにも二通りあるのではないか。一つは、サムシング・グレートに対する感謝の祈りや、他人に対する愛や誠に満ちあふれたものである。

他の一つは、自己中心的な、単なる金もうけの手段に使われるような祈りである。この区別を外から判断するのはなかなかむずかしい」

と述べられています。

実は、今から百年前の二十世紀初頭に、フランスの病理学者で、ノーベル賞を受賞したアレキシス・カレル博士は、自著『人間――この未知なるもの』の中で、祈りの効用について言及されています。

祈りは、ガンをはじめ骨結核、結核性腹膜炎、骨炎、狼瘡《ろうそう》（皮膚または粘膜の結核）などの病気を、ほとんど瞬間的に治すというのです。治癒《ちゆ》の経過は、個人によってあまり違わなくて、ある人は数秒、ある人は数分、長くて数時間後に、傷が閉じ、症候が消えてなくなり、食欲が戻ってくるとその本の中に書いています。

もちろん、祈りのみですべての疾病が治るということは、にわかに信じられません。医療の側面も無視できないことは言うまでもありません。ただ、カレル博士は、

「病人自身が祈ったり、病人自身が宗教的信念を持たねばならないというわけではない。ただその病人のかたわらの誰かが、祈りの状態であればいいのである」

と述べ、このような奇跡は、もはや科学の領域では解明できないと言っています。

このように心は目に見ることも、手に取ることもできませんが、厳然と働いており、それが自己自身だけでなく、他者にまで大きな影響を与えるという事実を、私たちは知るべきでしょう。

八　真の思いやりとは

人生上の問題で悩み、苦しんでいる方に共通していることは、感謝の心を働かせることを忘れてしまっていることです。

そういう人は、ちょうど蛸壺《たこつぼ》に入っているような感じです。蛸壺の中に入ってしまったら、周りのことは何も見えません。そして自分だけが悲劇の主人公だと思って、苦しんでおられるのです。

さて、そういう方がモラロジーの講座を受講されますと、よい環境の中でよい人との出会いによって、温かい刺激を受け、だんだんと本来の自分に還《かえ》っていきます。

そうすると、たくさんのお蔭に気づき、感謝の心が働くようになります。すなわち蛸壺から顔を出すようになります。やがて、広い世界が見えてきて、自分の力で蛸壺から抜け出すことができるのです。感謝の心が問題をよい方向に解決する原動力になるのです。

このように、まず感謝の心があって、そのうえで人さまのお幸せを祈らせていただく、この二つの心づかいが大事です。

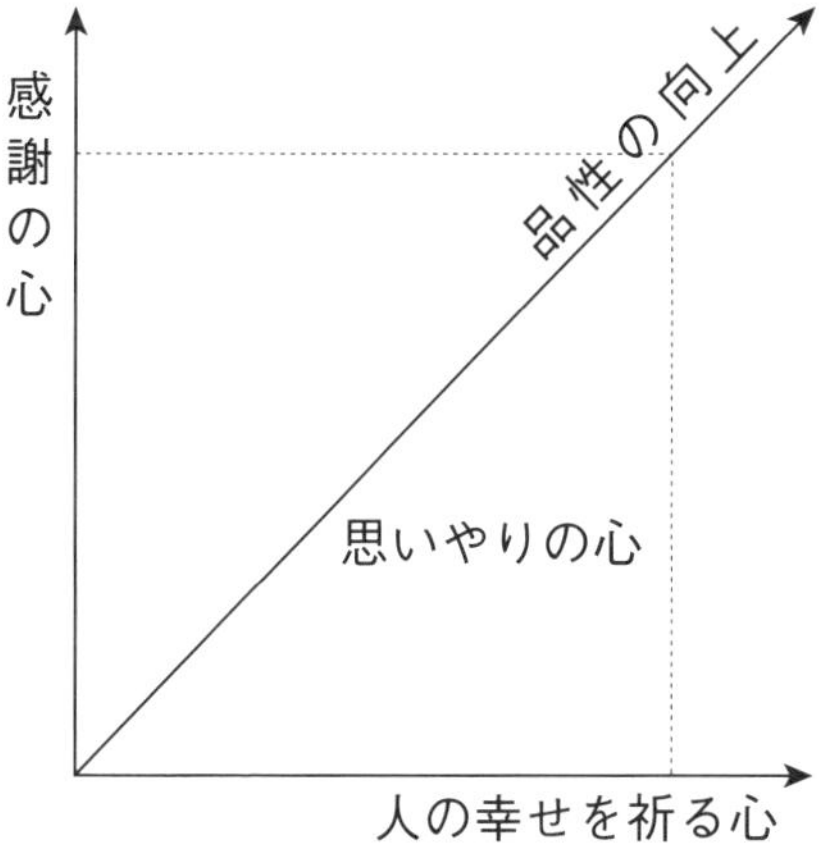

さて、モラロジーでは、人生の目的は自己の品性を完成することであると教えています。自分の品性は感謝の心と祈りの心の実践によって向上していく、そして、品性が向上した分だけ、幸福が保障されることを確認したいと思います。

縦軸と横軸の座標軸をイメージしてみてください。すなわち特定の基点から上に線を引くと縦軸となり、同じ特定の基点から横に線を引くと横軸になります。

そこで縦軸を「感謝の心」、横軸を「祈る心」とします。感謝の心が働いた特定の箇所から横に線を引き、祈りの心が働いた特定の箇所から上に線を伸ばすと、四角形ができます。その面積がいわゆる「思いやりの心」だといえます。思いやりの心は、感謝の心と祈りの心の総和ということができます。(図参照)

一般に、思いやりということは誰でも知っていますが、思いやりの心はどうしてできるのかを知っている人は少ないと思います。

思いやりの心は、日々の生活の中で実践した感謝の心と祈りの心によって培《つちか》われていくのです。したがって、その面積の大きい人ほど思いやりの心が大きい、すなわち品性が高い人ということができます。

反対に言うと、感謝する心と人さまの幸せを祈る心を起こさなければ、思いやりの心は育たないし、品性は向上しないということです。感謝して祈る、このいつでも、どこでも実行できる素朴な心づかいが、実は幸福な人生を実現していく根本となるのです。

問題は、感謝の心も祈る心も瞬間的には起きても、なかなか継続して実行することがむずかしいということです。

昔から「継続は力なり」といわれますように、毎日の生活の中で、あらゆる場面で、感謝の心を働かせる訓練、人さまの幸せを祈る訓練を意識して行っていく以外にありません。

一年、五年、十年と訓練を積んでいくと、習い性となって、自然にできるようなります。ちょうど顔の皺《しわ》と同じです。毎日鏡を見ていても、今日は皺が一本増えたと確認することは不可能です。ところが、五年、十年、二十年がたつと、顔の皺は歴然としてきます。

感謝の心も祈る心も、ちょっとそういう心づかいを起こしたからといって、思いやりの心の分量が急増して、品性が目に見えて高まることなどありえません。けれども、五年、十年、二十年と継続していけば、歴然としてきます。

廣池千九郎は、「持久微善《じきゅうびぜん》を積《つ》んで撓《たゆ》まず」と教えています。この言葉は、小さな善行を積み重ねていくことの大切さを教えたものです。私たちは日常生活の中で、人の世話をしたり、人に親切にすることがあります。しかし、その善行は、一時的で長続きしないことが多く、私たちの品性を向上させるうえで力が弱いのです。たとえ小さな善行でも、持続して行うことによって大きな成果をもたらします。まさに、先に挙げた言葉のとおりで、感謝の心と祈る心の微善を、絶え間なく積んでいくことが大切だといえましょう。

第三章　道徳心を働かせたとき

一　家庭環境による影響

近年とみに家庭の教育力が低下したといわれています。その結果として、不登校児、高校中退者の増加をはじめ、家庭内暴力、校内暴力、万引き、援助交際といった青少年の問題行動、さらには精神的に大人になれないニートの急増など、まことに悲しむべき不健全な現象が起きています。

もちろん、これらの問題は家庭だけに原因があるわけではなく、情報化時代を迎えた今日の社会自体も大きくかかわっていることは言うまでもありません。しかし、子供が誕生して成人するまでの二十年間は、親の保護下にあること、すなわち親の責任であることを、親自身がまず自覚すべきでしょう。そして、子供が乳幼児期、児童期を過ごす家庭環境は、子供の成長にとって決定的な影響を与えることは否定できない事実です。すなわち、親がどういう心で子供を育て、子供にかかわったか、あるいはどういう夫婦関係のもとで子供を育てたかが、重要な鍵となります。

また、思春期、青年期を迎えた子供が、不幸にして親の期待を裏切ることになった場合、子供へのかかわり方を間違えると、子供の人生を狂わせることにもなりかねません。

事例（1）　不登校の子供へのかかわり方

自立心が芽生えるとき

ここに紹介する事例は、中学二年になる息子が半年前から学校に行かなくなり、最近はお母さんに暴力を振るうようになったというのです。ご両親に連れられて、三人で面接に来られたとき、子供は私にお説教されるのではないかと、不安と緊張の面持ちで硬くなっていました。

私は子供のほうに一切目を向けず、彼が不登校するようになったのは親に責任があることをご両親に諄々《じゅんじゅん》と話しますと、子供の顔の表情が来たときと全く変わってきました。

おそらく親から「なぜ学校へ行かないのか」と今まで何度も責められてきたので、彼は学校へ行かないのは自分が悪いと思っていたのでしょう。ところが、自分ではなく親にその責任があることを知ってほっとしたと思います。

彼には二つ違いの妹がいました。どこでもよくあることですが、母親というのは男の子には特別の感情を持って育てようとしますから、どうしても甘くなります。そして反面、過剰な期待をかけるのです。つまり、母親の世界の中で子供を自分の思うように育てようとするのです。これは小学校低学年までの精神的に幼い間はいいのですが、子供の自立心が芽生えてくると、子供は親の世界から脱出しようとします。

子供は小学校の高学年ごろから潜在化していた自立の心が顕在《けんざい》化し始めます。すなわち自分という存在を意識し、自分の世界をつくり出します。別の表現をすれば、精神的に大人になろうとする兆《きざ》しです。まさに思春期とは、精神的にも肉体的にも大人になろうとする大切な時期なのです。

彼は、あとで二人だけで話し合ったときに、こんなことを言いました。

「小さいときからお母さんは何かあると、この家を出ていくと言っていた。僕はお母さんがいなくなるのが怖かった。だからお母さんの言うとおりに従ってきた。しかし、今ではそんなに出ていきたかったら、出ていけばいいと思っている」と。

彼は中学一年までは、お母さんの顔色をうかがいながら我慢してきましたが、ついにキレたのです。よくいうならば、親の世界から脱皮して自立したといえましょう。

大事なことは肚づくり

思春期は、別名反抗期ともいいます。この反抗という言葉は親の側から見た言葉で、子供の側からいえば自立しようとする兆しで、むしろ喜ぶべきことです。精神的に子供から大人になろうとする、誰もが通るべき道なのです。

ただ問題は、その反抗現象が健全か不健全かということです。今日、登校拒否や家庭内暴力、その他さまざまな問題行動が多く見られますが、それらの不健全な現象はすべて結果です。思春期に不健全な現象が出たとしたら、それはそれまでの育て方に原因があったということです。子供は刷り込まれたとおり、それを正直に表現します。

子供が生まれたときに、「お父さん、この子を中学生になったら不登校させましょう」と言って育てる親は一人もいません。みんな、よい子に育ってほしいと願い、手塩にかけて育ててきたはずです。それにもかかわらず、どうして子供は親の意に反した行動をとるのでしょうか。

思春期の子供さんを持つ親で、子供の心の叫びが聞こえない人が多いようです。

不登校をしたり、いろいろ問題行動を起こす子供は、自分の悩み、苦しみを言葉で表現できないために、行動や態度を通して「お父さん、お母さん、助けて」と訴えているともいえます。

その心の叫びを読みとれない親は、たとえば、今、池に落ちておぼれそうになっている子供を見て、「なんでそんなところに落ちたの。いつもお父さん、お母さんの言うことを聞かないからよ。落ちた原因を自分でよく考えて反省しなさい」とお説教をしているようなものです。

中には、問題の深刻さが分かっていないために、「今、お父さん、お母さんは忙しいから、暇ができたら助けてあげるね」と、のんびり構えている親もいます。

このような場合、親にとって大事なことは、理屈やお説教ではなく、子供を助けるためにはすべてを犠牲にする肚《はら》づくりだといえましょう。

子供は、親の側の愛情ではなく、子供の側の愛情を求めているのです。すなわち、悩みや苦しみを共感し、一緒に考え、共に行動してくれる本当の愛情を求めているということに、親は早く気づくべきでしょう。

したがって、今まで親は一生懸命愛情を与えてきたつもりでも、子供はもらっていなかったということです。

心の栄養にならない愛情

ところで、問題行動の表れ方はその子によって違いますが、間違いなく親は、その問題行動を起こす原因を無意識のうちに植え付けてきたということです。

このご夫婦は、結婚当初から夫婦の折り合いがあまりよくなかったそうです。夫婦仲が悪いというのは、乳幼児期の子供の成長にとって、非常に悪い条件となります。

たとえば、荒れはてた土壌にいくらよい種を植えても、その成長は期待できないでしょう。土を耕して肥料をやり、豊かな土壌を用意したうえでよい種を蒔《ま》けば、その種は養分を吸収して芽を出しすくすくと育っていくのが、自然の法則というものです。この豊かな土壌がよい家庭環境となります。夫婦が仲よくすることによって、温かい家庭ができ、その中で子供は心の栄養を吸収しながら、人間として生きていく最も大切な基礎を作っていくのです。

昔から「三つ子の魂百まで」といわれますが、科学的にもその諺《ことわざ》が真理であることが実証されてきています。

彼が不登校になった遠因が、彼の幼少時代の夫婦関係にあったことは否定できないでしょう。夫婦の仲がよくないと、母親は子供のほうに心が向いていきます。つまり生きる支えを夫ではなく、子供に求めていくことになります。

彼のお母さんはたいへん几帳面《きちょうめん》な方で、何でも徹底しないと気がすまない性格です。ですから、息子さんに対して至れり尽くせりのお世話をしてきました。息子さんもそのお母さんの愛情に応《こた》えて一生懸命よい子を演じてきたのです。そして、ついに中学二年になってキレてしまったのでした。

子供が親に暴力を振るうのは、決して親が憎いから、嫌いだからではないのです。お母さんが子供のためと思って、いろいろ言ったり、お世話することが、子供の側からするとわずらわしいのです。つまり思春期の子供は、未熟ながら自分の世界をつくり始めていますから、それに干渉されたくないのです。だからさればされるほど、反抗したり、無視して抵抗しようとします。それが限界に達したとき、暴力という形で表現されることを親は知るべきです。

それでは、これからどのように子供とかかわっていったらよいかについて、私はご両親に次のように申し上げました。

「子供は学校に行きたいのです。行きたいけれども、行けない。それは生きる力が弱いからです。生きる力というのは親の愛情によってつくられていくものですから、生きる力が弱いというのは、愛情欠乏ということになります」

すると、お母さんはムッとして私の顔をにらみつけました。おそらく、お母さんの心の中では、私はこれ以上ない愛情をもってこの子のために一生懸命お世話してきた、という強い思いがあったのでしょう。それを私が否定するようなことを言ったのですから、お母さんが怒るのも当然といえます。

しかし現実は、お母さんの意に反する結果となったのは、お母さんの愛情が子供に伝わっていないことを物語っています。結局、お母さんの愛情は自分中心の心から出た愛情で、子供の心の栄養になっていなかったのです。

道徳心を育て合う

言うまでもなく、生まれたときの赤ちゃんは、一〇〇%手間がかかります。しかし、乳幼児期を経て児童期へと成長することによって、肉体的手間はだんだんかからなくなっていきます。

一方、子供は二、三歳ごろから自立心が芽生え始め、年とともに自立心が育っていきます。

そして思春期を迎えると、肉体的手間はかからなくなりますが、今度は精神的手間がかかるようになります。

思春期の特色は、悩みが始まることです。成績のこと、友だちのこと、進路のことなどで、悩むようになります。悩むということは、成長の証《あかし》です。

そのとき子供にとって、本当に相談したい人は親であるはずです。ところが、意外に親は子供が悩んでいることに気づかない場合が多いのです。また子供のほうも親が真剣にとり合ってくれないとか、説教されるから相談したくなくなるのです。したがって、子供の相談相手は、親でも先生でもなく、圧倒的に友だちとなります。友だちは、同情はしてくれますが、正しい判断はできません。

そこで、私は、ご夫婦に「神様から、今中学二年生で不登校をしている子がいるが、この子をあなた方夫婦に預けるから、面倒を見てもらえないか」と依頼されたと、考えてみてはどうでしょうかと申し上げました。そして、

「今までは自分たちが生み育てた子だから、自分たちの思うように支配し、そして期待を裏切られ腹を立ててきたのです。今度は、神様からお預かりした子ですから、子供への対し方が、自分中心の利己心から相手の成長を心から祈り、お世話する思いやりの道徳心に変わります。

これからは、まず夫婦仲よくして、お互いに道徳心を育て、そして思いやりの心で子供さんに対してみてください。そうすれば、あなた方の道徳心が子供さんの道徳心を刺激し、親子の間に心の絆《きずな》が生まれてくるでしょう。どうかあせらずに子供の言うことに傾聴し、子供の悩みに共感するように努力してください。

こういう親子関係ができてはじめて、親の愛情が子供の心の中に移し植えら

れ、それが生きる力となるのです」

とアドバイスさせていただきました。

事例（2）　ニートの青年を持つ親

未成熟なままの精神面

あるとき、講演会が終わって宿泊先に戻ると、一組のご夫婦が、三十歳になる息子のことで相談したいと待っておられました。

父親は、日本でトップクラスの大企業の部長まで登りつめたエリートです。見たところ、精悍《せいかん》な企業戦士という印象を受けました。お家はその地方における資産家で、経済的には何不自由のない恵まれた家庭です。

問題は、一人息子が大学を中退後、この十年間職業につかず、毎日ブラブラしているというのです。今はやりのニートです。

どのようなブラブラ生活かと聞きますと、毎朝九時になると、車で近くのショッピングセンターへスーツケースを持って出かけます。その後、ショッピングセンターの中をぐるぐる廻って、夕方六時になるとちゃんと帰宅するというのです。

彼の毎月の小遣いは驚いたことに三十万円です。お母さんに、どうして三十万円なのですかと聞くと、息子が「僕の年齢だと給料がだいたいそれくらいだから」と言うからだそうです。そこで、お母さんに、息子さんの誕生から成人を迎えるまで、二十年間の成育過程をいろいろお尋ねしました。

乳幼児期は、男の子の誕生とあって、しかも一人っ子でしたから、今は亡き祖母と母親で大切に大切に育てたと言います。

彼は、たいへん頭がよく、小学校はもちろん、中学、高校時代も成績はほとんどトップだったそうです。だから、小学生のころから、百点を取ってくると親にほめられ、欲しい物は買ってもらえるし、行きたい所へ連れていってもらえるということを身につけ、挫折を知らずに育ちました。親からすれば反抗することもなく、全く手のかからないよい子だったそうです。

高校卒業後、医者になりたいというので、私立大学の医学部に進学しました。ところが、三年次になって解剖の実習が始まると、それに耐え切れず、挫折してしまいました。それ以来、ブラブラ生活が始まったといいます。

彼は、いわゆる全く過保護の状況の中で、表面的には順調に育ったかのようですが、実は精神的には未熟のまま成長してきたといえます。すなわち、知的な面と身体の面では、立派に大人になっていますが、肝心の精神面が大人になっていないのです。

人間はきわめて精神的な存在だといえます。子供の精神は、大人の精神の影響を受けて育《はぐく》まれていきます。知識を身につけたり、身体が成長するためには、お金がかかります。誰でも塾に行ったり、よい家庭教師をつければ、お金はかかりますが、知的には向上します。栄養のある食事を一日三度与えれば、お金はかかりますが、身体は大きく成長していくでしょう。しかし精神は、お金や物では絶対に育ちません。

彼のご両親は、この大切なことを見落としていたとしか考えられません。彼こそまさに、被害者なのです。加害者である親が、困った息子だといって責めている限《かぎ》り、彼は永遠に立ち直ることはできないでしょう。

人格と人格の関係をつくる

人間は、誕生から成人するまでの二十年間は、親の保護下に置かれています。悪いことをしても十九歳までは、A少年として扱われますが、二十歳になると実名となります。二十歳を迎えてはじめて、社会的に大人として認められた証拠です。

ところが、現在、ニートといわれる人が年々増加し、その数が七十万とも八十万人ともいわれています。成人式を迎え、立派に大人として認知されたにもかかわらず、精神が未熟なために、自分は何をしたいのか、何をしたらよいのか、つまり自分自身が分からない若者が増えています。

その息子さんもその一人ですが、今後どのように息子にかかわったらよいでしょうかと聞かれましたので、私は次のように申し上げました。

「息子をこのようなブラブラ生活に追いやったのは、ほかならぬ自分たち親であること、すなわち加害者であることを素直に認めることです」と。

なぜなら子供は、だいたい二、三歳ごろから自立心が芽生え始めます。それが第一反抗期で、すなわち、きわめて動物的な赤ちゃんが、人間の子として成長しようとする大切な時期です。一〇〇％手間のかかるこの時期は、親の愛情をたっぷり受けて、人間として生きていくための基礎的な準備をします。

親の粘り強い愛情によって、たとえば、言葉を覚えたり、さまざまな生活習慣を身につけていきます。いわゆる、しつけが始まります。乳幼児期は、全く自分中心に生きようとします。ところが、親のしつけによってその欲求が満たされないため、抵抗します。それが二、三歳児の第一反抗期の特色です。

したがって、この反抗の時期が四歳、あるいは五歳とずれると、二十歳で自立を迎えることができなくなります。中には、二十五歳になっても、あるいはこの息子さんのように三十歳になっても、精神的に大人になれないのです。

次に、こう申し上げました。

「息子さんは表面的にはブラブラしていますが、心の中ではたいへん悩み、苦しんでいることに思いをいたすべきです。何も好き好んで、ブラブラ生活をしているのではなく、親と顔を合わせるのがつらいから外に出ていくのです」

息子の悩み、苦しみを親が共感できるかどうか、たとえば、親は子供に相《あい》対するとき、子供の目線に合わせるために腰をかがめるように、精神的にこれができるかどうかが、重要なカギです。そのためには息子と一緒に悩み、共に苦しむという思いやりの心をまず、親自身が育てることが肝心です。

私は、このような場合よく「親をやめてください」と申し上げます。なぜなら、自分が親であるという意識が強ければ強いほど、子供に対して期待も大きくなり支配的になるからです。

子供から見たら親は常に上位の存在です。親はいつも上位から下位の子供を見下しているのです。したがって、支配する側の言葉使いは、命令形、断定形、否定形となります。これは子供を一人の人間として尊重していない証拠です。

親をやめるというのは、親を放棄することではなく、わが子を一人の人間としてその人格を尊重するということです。すなわち、上位と下位の関係ではなく人格と人格の関係をつくるのです。そうすれば、親と子の間に心の絆が生まれ、はじめて子供の悩みや苦しみが共感できるようになります。この共感性の関係を通して、親の愛情が自然に子供に伝わり、そして子供は心の栄養である親の愛情を吸収して成長していくのです。

私は、そのご両親にこのように申し上げて、決してあせることなく、時間をかけてねばり強く対応してみてください、とアドバイスしました。

事例（3）　過食症の娘を救った親の愛

ひどくなっていった摂食障害

昭和五十九年四月、モラロジー研究所の瑞浪センターに赴任して間もないころ、確か五月の講座だったと思いますが、開講日の朝、体格のよい五十代ぐらいのお母さんと、身長百六十センチ、体重は三十キロしかない、しかも顔が真っ青で血の気のない二十二歳になる娘さんが、親子で受講に来られました。

私は応接室にお二人を通して、面接しました。そのとき、私は彼女に思わず「あんた、中学何年生」と聞こうとしたくらい、体全体がやせ細って、小さく見えたのです。

お母さんがおっしゃるには、「この娘は、朝、昼、晩、夜中の四回、お腹《なか》いっぱい食べて、その後すぐトイレで、口に指を入れて食べたものを全部出してしまうのです」

いわゆる摂食障害、一般に拒食症とも過食症ともいわれる症状で、十八歳で短大に入ってから始まり、最初は朝だけでしたが、やがて朝と昼というようにだんだん進行して、二十二歳の今では一日四回になっているというのです。

もちろん、親としては、何とかそれをやめさせようと努力してきましたが、注意すれば注意するほど、ひどくなっていったというのです。一時は精神病院にも入れたが、症状はよくならず、困り果てていたところ、ある人から瑞浪センターを紹介され、今回親子で受講に来たというわけです。

彼女を立ち直らせるもの

さて、講座が始まって二日目の朝、お母さんは、急用ができたからといって、娘を置いたまま家に帰っていきました。実は、はじめから娘をこのセンターに預けるつもりだったのです。

それというのも後で分かったことは、その家は小さなスーパーを経営されていましたが、倒産寸前で資金繰りに四苦八苦されていて、とても娘の世話をするどころではなかったようです。

お母さんが帰った後、彼女はすっかり落ち込んでしまい、そこで私は彼女と面接することにしました。

どうしたら食べて出すことをやめさせることができるか、という思いで応接室に入ったとたん、彼女は私の顔を見るなり「先生が怖い」と言ったのです。実は、私はまだ何も話していないのに、彼女は私の心の中を見抜いたのです。

そのときの彼女にとって生きる支えは、食べて出すことでした。それをやめろということは、死ねということになります。

人間は誰でも、何かを支えにして生きているのです。だから、彼女の支えである食べて出す話になると、下を向いて黙ってしまいます。それ以外の話題になると、彼女は何でも気楽に話してくれました。

やがて、生きる希望を失った彼女の口から、「先生、私は死にたいのです。お腹いっぱい食べて、お腹を破裂させて、早く死にたいのです」という言葉がもれました。

実は、彼女は今までに二回、自殺未遂を体験していました。次にショッキングだったのは、「先生、健康なんてイヤだ。不健康がいい。病院で点滴をしながら、ただ死を待っているほうが、よっぽど楽だ」と言うのです。

どうして、彼女はこのような人生の崖っぷちに追いつめられてしまったのでしょうか。

彼女がいうのには、小学校、中学校、高校まで、入学式や卒業式や授業参観にほとんど親が来てくれなかった。高校三年のときには体重が六十キロもあり、クラスの皆から「デブ、デブ」といじめられた。高校卒業後、短大に進学したとき、肥満の悩みを友だちに相談したら、そんなのは簡単だ、食べたものを出せばいいと言われ、それ以来、食べて出すことを始めたというのです。

小さいときから親の愛情不足で育てられた彼女は、肥満に悩み、やせたいという衝動にかられて、食べて出すことにのめり込んでいったのです。

そのとき、親が彼女にどのように接したかが問題です。おそらく親は、彼女の心の悩みに共感することなく、現象だけにとらわれて対応していたと思います。その証拠に、彼女の右手の甲には、叩かれた傷痕《きずあと》がありました。

彼女がセンターに来る前は、アパートで一人住まいをしていました。それは一日八千円から一万円もかかる食事代を稼ぐために、岐阜の柳ヶ瀬にあるクラブで働き、ときには体まで売っていたのです。食べて出すことにしか生きがいを見いだせない彼女にとって、それは何でもないことだったのです。

食べて出した直後しばらくは満腹感がありますが、やがて空腹が襲ってきます。そうなると、恥も外聞もなく、そのへんにある食べ物は何でも口に入れてしまいます。まさに餓鬼《がき》症状そのものです。私は、彼女を立ち直らせるのは、親の愛情以外にないと思いました。

わが子の苦しみを共感する

いよいよ講座の最終日が来ました。前日に、親に電話を入れ、午前中にセンターへ迎えに来るよう連絡しました。

二時過ぎになると、受講生の方々は皆、別れを惜しんで帰っていきます。ところが、彼女の親は、三時になっても四時になっても、迎えに来ないのです。彼女に応接間で待つように言って、私は親の来るのを待ちました。

前日、あれだけ迎えに来るようにお願いしたのに親は姿を現さないのです。応接間に行くと、彼女はソファーの上にちょこんと正座して、寂しそうな顔をして親の来るのを待っています。そのときの彼女の生きる意欲を失った姿が、今でも瞼《まぶた》に浮かびます。

私は、「お父さん、お母さんがもうじき迎えに来るからね」と励ましの言葉をかけました。そのとたん、彼女は、「先生、もう親が来なくていいです。私はまた一人で生きていきますから、柳ヶ瀬まで送ってください」と言ったのです。午後五時を過ぎたころ、両親は息せき切って、センターに駆《か》けつけました。私は思わず「午前中に迎えに来てくださいと、あれほどお願いしておいたのに、どうしたんですか」と責めていました。

ご両親は「仕事で名古屋まで行ってきたので、こんな時間になりました」と申し訳なさそうに、私にお詫びを言われました。そして「先生、この子は私たち親にとっていちばんかわいいのです」と言われました。

私は「ちょっと待ってください。お嬢さんは死にたいと言っていますよ」と、あまりにも無責任な親に憤《いきどお》りを感じながら言いました。

そして、体重が七十キロ近くあるお母さんに、私は「お母さん、毎日お食事を何回されていますか」と尋ねました。すると、「一日二回です」と平然とおっしゃるのです。そこで、私は「一日一食にしてください」と申し上げました。

なぜかというと、彼女が最も苦しいのは、空腹に襲われたときなのです。空腹に襲われると、それを満たすためには、いかなることも彼女にとっては手段なのです。したがって、彼女を救う道は、その空腹の苦しみを親が共感できるかどうかにあります。それができるのは、お腹を痛めてわが子を産んだお母さんしかいないのです。

どんな親でも、わが子はかわいいし、子供のためなら、どんな犠牲でも払うことができます。今までのわが子への対し方は、ただ食べて出すことをやめさせることにあったのです。これでは彼女を追いつめるだけで、親の愛が子供には伝わりません。

「もし本当にわが子を助けたいと思うなら、一日一食にして、お母さん、あなたも一緒に空腹の苦しみを味わってください。そうすれば、お嬢さんとの共感性の関係ができて、あなたの愛情が必ず子供に伝わります。その愛情こそが、お嬢さんの生きる力となるのです」とご両親に申し上げ、帰っていただきました。

それから一週間後、お母さんから電話があり、「先生、朝と昼はピタッとやめました」というのです。

一か月が過ぎたころ、お母さんは彼女を連れてセンターにお礼の挨拶に来られました。私は、今でもそのときの彼女の姿が瞼《まぶた》に浮かびます。ちょうど、二、三歳の子供がお母さんにまとわり付いている、あの姿でした。二十二年かけてやっと母親の愛情を手にしたのです。あの真っ青な顔が、生きる希望に満ちてピンク色に戻っていました。母親の無償の愛、すなわち道徳心が娘の道徳心を刺激して、生きる力を与えたのです。そのとき、私はこの子は助かると確信しました。

事例（4）　自殺タイプと他殺タイプ

精神的に子供から大人になろうとする思春期、そして人間形成のうえで大切な青年期を迎えた子供に、親はどのようにかかわっていけばよいのでしょうか。このかかわり方を間違えると、取り返しのつかない結果を招くことになります。

先に紹介した二十二歳になる過食症の娘さんは、二度も手首を切って自殺未遂を経験しています。彼女は、自分がこのようになったのは、親が悪いからだと、ひと言も言いませんでした。すなわち攻撃心が親ではなく、自分自身に向けられているのです。これは自殺タイプです。

平成六年十一月、中学二年生の大河内清輝君が、庭の柿木に首をつって自殺するという事件がありました。三人兄弟の次男である彼は頭もよく、心のやさしいよい子でしたが、当時はいじめを受けていたのです。

悪い仲間からたびたびお金を巻き上げられ、その金額がなんと百万円を超える額になっていたというのです。しかし、彼は親や兄弟にいじめにあっていることを打ち明けることもできず、罪悪感にさいなまれながら、一人苦しんでいたのです。

彼は遺書を残しました。その遺書には、「僕からお金をとっていた人たちを責めないで下さい。僕が素直に差し出してしまったからいけないのです」と書かれていました。すなわち攻撃心がお金をとった友だちではなく、自分自身に向けられています。過食症の娘さんと同様、彼も自殺タイプでした。

これとは反対に、攻撃心が相手に向けられるとどうなるのでしょうか。

古い話になりますが、昭和五十五年十一月、二浪中の二十歳になる青年が、金属バットで両親を殺害するという痛ましい事件がありました。

お父さんは上場企業の課長をつとめるエリートでした。彼は末っ子で、兄は一流の大学を出て、社会人として働いていました。お父さんとお母さんの間は、家庭内離婚のような状態で冷たい関係であったようです。

事件の発端は、彼が無断でお父さんのキャッシュカードから一万円盗んだことが見つかり、お父さんからひどく叱られたことにあります。お父さんは日ごろから、できの悪い子として彼のことをよく思わず、冷たく当たっていたそうです。そのたびにお母さんが彼をかばい、支えてきました。

ところが、その夜、お母さんが決定的な発言をしてしまったのです。「金輪《こんりん》際《ざい》、もうお母さんは知りません」と支えを取ってしまいました。

絶体絶命に追いつめられた彼は、ついに犯行に及んだということです。

彼の攻撃心は、自分を追いつめた両親に向けられました。これが他殺タイプです。

他殺と自殺とは対照的に表れ方が違いますが、心理的にはどちらも追い詰められ限界状況にあることは同じだといえましょう。

親は誰でも、わが子をよい子に育てたいと願いながら子育てをしています。ところが、親のエゴによって過保護、過干渉という落とし穴にはまって、知らず知らずのうちに子供を追い詰めることになるのです。とくに思春期、青年期の子供に対しては、人間尊重の共感的関係が求められます。そのためには、親が道徳心によって子供に対する以外、道はありません。

二　親子関係における落とし穴

私が親子の問題で相談を受けた事例は、数多くありますが、その原因を追究していくと、そのほとんどがワンマンタイプの父親にあるといえます。ワンマンタイプの人は、事業的には成功する人が多いのですが、家庭的には不幸を招くことになりがちです。そういう人は頑固《がんこ》で自分の考えを押し通し、常に相手が自分の支配下にないと機嫌が悪いのです。

ですから、結婚しても夫婦の仲は決してよくありません。気の弱い奥さんは、面と向かって夫とケンカできないために、心の中で打つ心や責める心が働きます。それが子供に悪い影響を与え、やがてその子が青年期を迎えると、お父さんと対立するようになります。結果としてお母さんに代わって子供が父親と戦う、いわゆる代理戦争となります。

また、親子が真に信頼関係で結ばれていないと、青年期を迎えたころに、親は突然、予想もしない子供の裏切りに遭遇することがあります。そういう子供は、たいてい親の前ではよい子を演じていますから、親は順調に育っているものと安心しています。それが落とし穴で、精神的には親と子の間に深い溝ができていたことになります。

事例（1）　父親に反抗して病気になった娘

思春期は、前にも述べましたように、自立しようとして、自分の世界をつくり始める大切なときです。親にとっては今までの肉体的な手間から、精神的手間のかかるときを迎えたということです。

親はこの多感な思春期の子供に、どのようにかかわっていったらよいのでしょうか。もし、かかわり方を間違えると、子供の人生を狂わせることにもなりかねません。

師を求めた心の旅立ち

『みちこ、笑ってごらん』（モラロジー研究所発行）の著者、かとうみちこさんは、兄と三人姉妹の末の子に生まれました。

お父さんは、非常に正義感が強く、頑固でワンマンタイプでした。したがって、子供たちにとって、スパルタ教育の父親はたいへん怖い存在だったと思います。

ですから、上の三人は思春期から青年期を、お父さんの前ではよい子として過ごしたといいます。ところが、末っ子のみちこさんは、お父さんと性格がよく似ていて、やんちゃで負けず嫌いで、そのうえ正義感の強い子でした。それだけに、心の中に父親に対する反抗心が年とともに強くなっていきました。

みちこさんは、学校から帰ってきて家業の農作業を手伝うときも、お父さんが東から始めれば北から、北から始めれば南からという始末でした。また、「こんなやつは、出ていけ」と言われれば、「出ていってやる」と、みちこさんは徹底的にお父さんに抵抗したといいます。こうして反抗心が頂点に達したとき、みちこさんの身体に異変が起こりました。

最初は心臓発作という形で表れ、続いて摂食障害、自閉的症状、家庭内暴力へとエスカレートして、ついに高校二年生の二学期から六年間も、入退院を繰り返すことになってしまうのです。

二十二歳のとき、本を読むことも、人に会うことすらできないほど衰弱し、体重がなんと二十二キロまで減ったといいます。お父さんへの反抗心が、彼女の肉体をそこまで蝕《むしば》んでいったのです。

ところが、当時のお父さんは、彼女の心の苦しみに共感するどころか、「原因はお前がつくっているのだ」と彼女を責めていたため、彼女の反抗心はますます膨《ふく》れ上がっていきました。

二十三歳のときには、血清肝炎になり四十度の高熱が続き、生死の狭間《はざま》をさまよいました。病院から家に帰ったときには、わが家で死を迎えようと覚悟したといいます。このとき、笑いと涙が消え、五感や味覚もなくなり、爪や髪、歯もすべて抜けてしまったのです。さらに片足の大腿骨《だいたいこつ》が腐っていくという股関節壊死《こかんせつえし》に侵されていました。

そうして彼女は痛みと闘いながら、自分の気持ちを理解し、生きる勇気と希望を与えてくれる師を求めて、心の旅立ちが始まったのです。

「げんこつをください」

とりわけ、昭和二十年から十五年間、中国大陸で政治犯として獄中生活を送り、生死の狭間を乗り越えられた城野宏《じょうのひろし》先生との出会いは、彼女の生き方を一八〇度転換させるきっかけとなりました。

城野先生は開口一番「おぬし、むずかしい病を持っているそうだが、目が見えるだろう、耳が聞こえるだろう、両手があるだろう。片足が悪いといっても、もう片足があるじゃないか」と言われたそうです。

そのとき、自分は一〇〇%病に侵されていると思い込んでいたが、実はまだ一〇%しか病んでいない、九〇%は健康な人と変わらないことに、彼女は気づいたのです。そして、今の自分を変えようと決心しました。

城野先生から「心を変えるには行動を変えるしかない」とアドバイスされた彼女は、手始めに、第一に「笑うこと」、第二に「声を出すこと」、第三に「人の目を見ること」の三つを実行したといいます。

こうして人生と真正面に向き合い、すべてのことにプラス発想で立ち向かう生き方に転換することによって彼女は、病を克服し、お父さんとの人間関係も改善されていきました。

現在は詩人として活躍されていますが、お父さんと和解できたときに、次のような詩を残しています。

「とうさん」
メガネの奥の
慈愛にあふれる眼差《まなざし》は
どんなお叱りより
ズシンと胸にひびきます
とうさん
久しぶりの一緒のお風呂
哀歓のタイムマシンは

はだか同士の親子です
こんなに白く薄くさせてしまった髪
こんなに小さくさせてしまった背中
とうさん
このわたしを叱ってください
ねえさんのぶんまで
げんこつをください
わたしたちの
とうさん

（『しあわせのかくしあじ』地湧社）

事例（2）　親との縁を切って結婚した娘

「いい子」を演じていた娘

もう一つ、子供の人生を狂わせることになった事例を紹介しましょう。

昭和六十年の秋、六十歳ぐらいのお父さんと二十五歳になる娘さんが、親子一緒に瑞浪センターを受講しました。

お父さんは見るからにワンマンタイプで、一代で鉄工所を創業し、当時、町一番の多額納税者になっていました。やり手の経営者として評判が高く、町では成功者の一人と言われていたそうです。

ところが、創業者によく見られるように、他人の言うことには耳を貸さず、自分の考えを従業員に強引に押し付け、服従させる典型的なワンマンでした。したがって、家庭においても妻や子供に対して、絶対的な存在であったことは言うまでもありません。

娘さんは、短大卒業後、栄養士として町の病院に就職していましたが、数年後、病人食は外注することになり、失業してしまったのです。

そこで親に相談することなく、自分で再就職口を探して勤めたところが、中古の自動車販売店でした。販売店の事務員として勤めて一年後、店に出入りしていた男性と深い恋愛関係におちいり、やがて二人は結婚しようということになったのです。

そこで、娘さんは、お父さんに次のように言ったそうです。「私をなかったものと考えてほしい」と。つまり親子の縁を切ってほしいということです。実は、娘さんの結婚したい相手は、町の人なら誰でも知っている暴力団の息子だったのです。

人一倍世間体を気にするお父さんはビックリして、こんな結婚は絶対認めるわけにはいかないと、もちろん大反対しました。お父さんは、娘が今まで一度も反抗したことがなかっただけに、自分の娘は親に心配かけるようなことはしないと思っていました。

ところが、家庭をかえりみず、ただただ商売一筋で突き進んできたワンマンなお父さんに対して、娘さんは思春期も青年期もずっといい子ちゃんを演じてきたのです。

いい子ちゃんの特徴は、たとえば風船のように外から見れば真ん丸ですが、中は空《から》の状態です。空とは、心理的にむなしい、寂しいという意味です。

人間は、そのような状態に置かれると、その空を何かで満たそうとします。つまり生きる支えを求めるのです。青年期の人なら異性に求めるか、あるいは宗教に求める人も多いようです。娘さんの場合はこの世でただ一人、自分の気持ちを理解してくれる大切な人として、暴力団の息子が、すっぽり空を満たしてしまったことになります。

その大切な人との関係を引き裂かれることは、娘さんにとって耐えがたいことになります。だから彼女は親子の縁を切ってでも、彼と一緒になりたかったのです。

自分の家にない明るさと温かさに触れて

娘の将来を心配するお父さんは、この結婚は絶対にうまくいかないと、説得するのですが、娘さんは聞く耳を持ちません。お父さんが言えば言うほど、娘さんは心を閉ざし、彼を失いたくないという気持ちが募《つの》るばかりです。

そこで、埒《らち》が明かないと思ったお父さんは、先方の家に乗り込み、別れ話に決着をつけ、娘さんの気持ちなど無視して二人を強引に引き裂いてしまったのです。そして地元のモラロジーを学ぶ方に相談して、瑞浪センター講座を親子で受講することになったというわけです。

私は、その娘さんと講座三日目に面接しました。彼女は、たいへん落ち込んでおり、生きる希望を失っているような表情をしていました。そこで、どうして親が心配するような彼と結婚したいと思ったのかと尋ねましたら、彼女は次のように話したのです。

「私は父が嫌いです。お金さえあれば幸せになれるという父の価値観についていくことはできません。そして、自分がいつも正しくて、私たち子供に自分の考えを押し付けるのです。父は家庭の中では絶対者で、私たち子供の気持ちなど分かろうとせず、父の言うとおりにしないと機嫌が悪く、暴力を振るうこともありました。だから私の家庭はいつも冷たくて、陰湿な空気が漂《ただよ》い、居心地の悪い環境でした。ところが、彼とお付き合いするようになって、彼の家に何回かお邪魔しましたが、先方のお父さんとお母さんがたいへん仲がよく、彼の家には私の家にない明るさ、温かさがあるのです。それがたいへん魅力的で、彼となら幸せになれると思いました」

五泊六日の講座が終わっても、彼女の心の中には依然として彼が存在し続けました。結局、娘さんは親との縁を切って彼の元へ行ってしまったそうです。

事例（3）　結婚問題で対立した父と息子

一人息子の初めての反抗

三十数年前の古い話になりますが、全く面識のないMさんという方から電話が入り、私に会いたいと言われるのです。そこで日時を約束して、私が勤める千葉県柏市にあるモラロジー研究所まで来ていただくことになりました。

実は、Mさんには、当時二十八歳になる一人息子がおりました。息子が二十五歳のとき、縁談が持ち上がり、先方の家柄も申し分なく、相手のお嬢さんも美人で気立てがよさそうな人でしたので、息子よりもMさんのほうが気に入ってしまいました。

小さいときからお父さんの言うことには反抗もせず素直に育ってきた息子さんは、お父さんの勧めるまま、結婚することになりました。

やがて初孫が生まれ、喜んだのも束の間《つかま》、二人は離婚するはめになり、お嫁さんは子供を連れて実家に帰ってしまいました。

Mさんは手広くメガネの専門店を経営し、息子さんも家業を手伝っていました。離婚して気落ちした息子さんは、寂しさに耐えられなかったのでしょう、その後、一人の女性と恋愛関係になりました。

ところが、その相手の女性というのは、Mさんの店で働いている人で、夫も子供もいるというのです。おそらくその女性も夫との仲が悪く、別れ話が出ていたに違いありません。息子さんとその女性は同じ職場で働いているわけですから、何かのきっかけで心に傷を持つお互いが同情し合って、二人は急接近していったのでしょう。そして、二人は結婚を約束することになるのです。

Mさんは、この二人の関係を知って激怒し、即座に彼女を解雇しました。そして、息子さんに、この結婚は絶対認めるわけにはいかないと反対しました。しかし息子さんも、彼女の思いを断ち切れず、絶対結婚するんだと言い張ります。今までお父さんに一度も刃向《はむ》かうことのなかった息子さんが、初めて親に反抗したのです。

裏切られた思いがする

息子さんは地元の先輩が主催する若手経営者の会に入り、経営の勉強をしていました。そこでその先輩に、自分はどうしても彼女と結婚したいが、どうしたらよいのか相談したのです。そうすると、その先輩は、千葉県の柏市にモラロジー研究所があり、一週間の社会教育講座があるから、まずそれを受講したらどうかと勧めました。その先輩は、Mさんの了解をとって、息子さんを受講させることにしました。

開講日に、その先輩は私に息子さんを紹介し、三人で食事をしながら話し合うことになりました。

私は、息子さんに初めて会ったとき、実直で素直な好青年という印象を受けました。

息子さんは、「先生、私は彼女とどうしても結婚したいのです。親父《おやじ》がどんなに反対しても私はあきらめません」と真剣な顔をして訴えるのです。

私は、それに対してどう答えるべきか、正直いってはたと困りましたが、次のように言いました。

「あなたの彼女を思う純粋な気持ちはよく理解できます。しかし、この結婚を実現することは至難なことです。第一、お父さんが絶対認めないと言っておられるからです。そのお父さんを認めさせるには、一筋縄ではいかないでしょう。これからその反対を乗り切るだけの愛を二人で育てていくことができるかどうかです」と。

私はこのように頭から反対をせず、まず彼の純粋で真剣な気持ちを共感してあげようと努めました。息子さんは今まで誰に相談しても頭から否定されてきましたので、「はじめて僕の気持ちを岩田先生が、分かってくれた」と思ったようです。そして、それが「岩田先生は、僕たちの結婚を認めてくれた」と、息子さんの心の中で発展していったのでしょう。

息子さんは、おそらく家に帰って「モラロジー研究所の岩田先生がわれわれの結婚を認めてくれた」とお父さんに話したに違いありません。それを聞いたお父さんは頭にきて、いったいこんな結婚を認めるような岩田という人間はどんな人間かということで、電話してこられたというわけです。

その日、夜の七時過ぎにMさんは来られました。Mさんは一代で今の事業を築かれただけあって、気性の激しそうな、なかなか精悍な面魂《つらだましい》をされた商売人という印象を受けました。

Mさんはいきなり、「先生は、息子の結婚を認められたのですか」と言われたので、「いや、認めたわけではありませんが、まず息子さんの気持ちを共感し、理解してあげようと思ったのです」と答えました。すると、

「先生、考えてもみてください。よりによって私の店の店員で、夫も子供もいる女性と結婚したいというのです。こんな結婚を認める親なんてどこにいますか。第一、世間体が悪いです。今日まで苦労してようやく、世間から認められるまでになったのです。一人息子が今日まで順調に成長し、私の後継者として期待していただけに、今回は息子に裏切られた思いで非常に残念です。

息子がどうしても彼女と結婚したいというのなら、親子の縁を切ります。先

方に行きたかったら、養子に出してもかまいません。

こんな息子には、商売を継がせるわけにいきませんので、廃業してもよいと考えています」

と、その決意のほどを吐露《とろ》されたのです。

道徳心は思いやりの心

そこまで言われるMさんの気持ちを、親という同じ立場から考えて、私も十分に理解することができました。

そこで、私はMさんに次のように言いました。

「あなたのおっしゃるとおり、こんな結婚を認める親はどこにもいないでしょう。私も同じ人の親として、あなたの気持ちは十分に分かります。しかし、本当に問題なのは、結婚させるかどうかではないのです。あなたは親子の縁を切ってもよいとおっしゃいましたが、親子の縁は切ろうとしても切ることはできません。それはたまたま、あなたの意に反した結婚をしたいと息子さんが言うから、そのようにお考えになったのでしょう。それはあなたのエゴです」

Mさんは不可解な顔をして私をにらみつけましたが、私はさらに、こう続けました。

「あなたと同じように、息子さんにも人格があります。あなたは息子さんの人格を無視して、自分中心の利己心で今日まで息子さんを育ててこられたことになります。

すなわち、息子さんが生まれてから今日まで、自分の思いどおりに支配してきたということです。それはペットを調教するのと同じです。息子さんは動物と違って、一人の人間として立派に人格を持った存在です。息子さんの人格を無視して、自分の思いどおりに操ろうとしても、それは小学生まででであって、自立心が芽生える思春期以降は、自由を束縛されたくないと思うのが人間です。

息子さんがあなたの言うことを素直に聞いてきたのは、見せかけであって、本当は心の中で反抗していたと思います。支配的な親は、子供の心の中が見えないのです。ですから、息子さんはいい子ちゃんとして、お父さんの言うとおりに従っていれば叱られることもなく、甘えることができると思うようになったのです。

あなたは子供を立派に育てようと一生懸命努力されてきたと思っておられるようですが、それはあなたの利己心であって、その利己心が子供の利己心を引き出す結果となったのです。絶対結婚するという息子さんの利己心と、絶対結婚させないというあなたの利己心がぶつかり合って、お互いに利己心を増長させているのです。

人間には、その働きは弱いですが、道徳心という心の働きがあるのです。子供の道徳心は親の道徳心によって育つのです。道徳心というのは真に人間を尊重する精神、すなわち思いやりの心のことです。したがって、今、大切なことは息子さんの立場に立って、息子さんの心を理解しようとする道徳心で、息子さんの道徳心を引き出すことです」

そう申し上げますと、はじめは厳しい顔をされていたMさんの表情に反省の色が見え始めました。

その後、諄々と話していくうちに、私の言うことをMさんは納得されるまでになりました。Mさんとの話し合いが終わったころには、午前二時を過ぎていました。

後日、Mさんから手紙が届きました。そこには、次のようなことが書かれていました。

「先生の言われるとおり、一人息子がかわいいばかりに、知らず知らずのうちに、自分の思いどおりに支配してきました。それは、世間体ばかりを気にしていた私の利己心であったことがよく分かりました。もっとおおらかな心で、息子を一人の人間として尊重し、息子の心を理解するように努力してみます」

その後、紆余曲折《うよきょくせつ》がありましたが、親子の関係はだんだんよい方向に進んでいきました。結局、彼女のほうから、この結婚はなかったことにしましょうと言ってきたというのです。数年後、息子さんはすばらしい女性と再婚し、幸せな家庭を築いておられます。

事例（4）　オウム真理教に入信した息子

今から十一年前、私たち国民を震撼《しんかん》させる大事件が起こりました。それは、オウム真理教による地下鉄サリン事件です。これは多数の犠牲者を出した恐ろしい出来事で、今でも記憶に新しいところでしょう。

あの事件の実行犯といわれる人たちは、皆一流の大学を出た、いわゆる秀才といわれる若者ばかりです。なぜ彼らはオウム真理教にのめり込んでいったのでしょうか。

当時の『産経新聞』に次のような記事が出ていました。

オウム真理教信者の息子を持つ母親が、なんとか出家を思いとどまらせるためにと、息子を連れてある宗教学者を訪ねました。その息子は、東京大学を卒業した三十代前半の青年で、当時は無職だったそうです。

母親は、その先生の前で息子に向ってこう言いました。「今の生活の何が不満なの。何でも買ってあげて、好きなことをさせてあげて、何不自由なく育ててきたのに……」と。

すると息子は、入信の動機を次のように語ったといいます。

「両親は僕に干渉はしても、人間が生きるということはどういうことかという本当に知りたい大切なことは何も教えてくれなかった。そんなときにオウムに出合い、これこそ自分が求めていたものだと思った」

さらに、「僕の三十年間はムダだった。両親を殺そうと思ったことも何度もあった」と胸の中を正直に吐露したというのです。

このエピソードは、私たちに何を物語っているのでしょうか。

彼は東大を出たエリートです。おそらく親にとっては、鼻高々の自慢の子であったに違いありません。

しかし、彼の心は空洞化したままだったのです。だから人生の道しるべを麻《あさ》原彰晃《はらしょうこう》に求めて、その空洞を満たしたということです。つまり、絶対的な指針を示してくれる理想の父親を、この青年は麻原彰晃に見たのです。

「人間としていかに生きるか」このテーゼは、永遠の課題です。

ところが戦後教育は、知育偏重の教育で、偏差値が象徴するように学校の成績の良し悪しが、人間を評価する基準であるかのような傾向が強かったといえます。人間の価値を何によって決めるかという大切な問題が、なおざりにされてきたからです。

宗教学者の弓山達也《ゆみやまたつや》氏は、「たとえオウム真理教が壊滅させられても、家族不在の現状と知識偏重の学校教育が変わらないかぎり、カルト教団に若者が向かうことは止められない。第二、第三のオウムの出現はあり得る」と指摘しています。

三　多種多様な夫婦の問題

五年間の瑞浪センター勤務において、多くの夫婦問題の相談に乗りましたが、まことに夫婦問題は千差万別です。そこで、どのような原因で問題となるのか、私の経験した事例から、次のように整理してみました。

［Ａ］親との同居が原因で対立する場合

①結婚当初は夫婦仲よくやっていたが、やがて、嫁と姑あるいは嫁と舅《しゅうと》が対立して、それが原因で、夫が両者の板挟《いたばさ》みとなって夫婦間に溝ができるケース。
②夫が長男あるいは一人っ子で過保護に育てられ、とくに母親と精神的に癒着《ゆちゃく》していることが原因で夫婦の間に亀裂《きれつ》が入るケース。
　この場合は姑（母親）は、わが子が嫁にとられたという嫉妬心から嫁をいじめることが多い。その結果、夫は嫁と姑の両方からグチ、不平、不満を毎日聞かされ、それが嫌で帰宅が遅くなり夫婦間が悪化。あるいは夫が浮気をして、家を出ていくこともある。
③嫁と姑が対立した場合、結局、肉親の関係が強いため、嫁が孤立状態になり、実家に帰ってしまうケース。
④父親と養子の仲が悪くなって、結局、肉親の関係が強いために養子は孤立し

て、夫婦関係が悪化するケース。

［B］性生活がうまくいかない場合

①夫の性機能障害（中にはマザーコンプレックスによる心因性のものもある）のため、夫婦関係が悪くなるケース。
②妻が潔癖症で、性行為を不純視し、夫が欲求不満で離婚するケース。
③夫が異常な性行為を強要して、妻がそれに耐えられなくなって離婚するケース。
④中年夫婦に多いが、愛情が薄れ、性生活のマンネリ化、あるいは妻が拒絶して夫婦関係が悪化するケース。
⑤夫または妻の浮気が原因で、家庭内離婚、あるいは離婚するケース。
⑥仕事が激務で、夫が精神的、肉体的に疲労し、妻が欲求不満を起こすケース。
⑦夫婦共働きで、ともに肉体的に疲労し、性生活もなく、お互いに要求ばかりをして夫婦関係が悪化するケース。

［C］子供の問題で対立する場合

①赤ちゃんが生まれてから、妻が子育てにエネルギーをとられ、次第に夫に冷たくなったことが原因で対立するケース。
②子供の教育問題（たとえば不登校、家庭内暴力、非行等）で、お互いに責任を転嫁して、夫婦ゲンカが絶えないというケース。
③子供の進路（進学、就職）問題で、夫婦の意見が食い違い、対立するケース。
④子供の離婚問題が原因で、夫婦が対立するケース。

［D］経済上の問題で対立する場合

①会社の経営不振、倒産、保証問題で夫婦関係が悪化するケース。
②夫または妻がギャンブル（競輪、競馬、パチンコ）に走り、借金の返済に追われ、夫婦関係が悪化または離婚するケース。
③夫が働かず、妻の収入だけでは生活が苦しく、夫婦ゲンカが絶えないケース。

［E］とくに精神面（心理面）で問題がある場合

①表面上は夫婦うまくいっているように見えるが、どちらかが相手に無理に合わせているため、欲求不満が蓄積し、やがて夫婦間に溝ができて爆発するケース（仮面夫婦）。この場合、妻が面と向かってケンカができないと、息子が母親に代わって父親と対立する形で表れる（代理戦争）。

②夫が内向的性格（外ヅラがよい）で、外でストレスを溜《た》め、それを家で爆発させるケース（たとえば家の者に当たり散らす。酒を飲むと暴力を振るう）。

③新婚で共働きに多いケースとして、妻が主婦としての務めを果たさない（たとえば朝食を作らない、洗濯を一週間も溜める、掃除をしないなど）。

④長年、自分を殺して我慢して頑固な夫に従ってきた妻が、余生を一人で気楽に暮らしたいと、主人の定年と同時に退職金を半分もらって離婚を希望するケース（定年離婚）

⑤夫婦間の精神的絆が弱く、ストレスが溜まって、精神的に障害（ノイローゼ）

がおき、離婚するケース。

⑥夫が頼りないために、妻が〝自分がしっかりしなくては〟と気負って、やがて夫を見下し馬鹿にするケース。この場合は、子供の成長に悪い影響を与える。

⑦家事、育児はもちろん、夫や親にもよく仕えてきた、いわゆる良妻が突然、離婚したいと言い出すケース。これは一生懸命やってきただけに、それが評価してもらえない寂しさから、存在感が満たされないために起こる。

⑧中年夫婦の危機の一つとして、妻は仕事中心の夫から無視され、生きがいにして育ててきた子供も親離れして、心理的に空白状態が生じ、自分の存在に疑問を抱くようになるケース。

以上のように、夫婦関係の問題は多種多様で、まことに複雑怪奇といえます。わが国の離婚数が毎年増えているのもうなずけます。昔は「子は鎹《かすがい》」といいました。しかし、現在は、まだ親の愛情を必要とする成長盛りの子供がいても平気で離婚するケースもあり、「子は鎹」は死語になりつつあるといっても過言ではありません。このようなケースを、事例を通じて見てみましょう。

事例（1）　結婚二年目で離婚したい夫婦

二人の心のすれ違い

三年間の恋愛のあと、周囲の人々の祝福を受けて、めでたく結婚したカップルが、二年後に離婚をしたいというので、仲人さんに連れられて瑞浪センターへ受講に来ました。

ご主人は三十歳で、一流の大学を卒業後、二部上場の企業に勤めるエリート社員です。奥さんも、高校卒業後、同じ会社に勤めていた関係で、二人は熱烈な恋愛ののち、結ばれたというのです。二人の間には、当時一歳になる男の子がいました。結婚当初は、近所の人もうらやむアツアツのカップルだったそうです。

講座の初日に、私は最初に奥さん、その後で、ご主人と別々に面接しました。

奥さんは、ご主人に対する不満を次のように言いました。

「恋愛中は、二人で会っているいろ会話しているときが本当に楽しかったのです。ところが、結婚した当初はよかったのですが、一年後に子供ができてからは、急に口数が少なくなり、最近は会社から帰ってきても、ほとんど口をきいてくれません。多分仕事で疲れているのだろうと思うのですが、こちらから話しかけても、無視するような有様です。私は一歳になる子の育児のことやその日の出来事で相談したいと思っても、主人は相手にしてくれません。こんな主人とは、これ以上生活を共にすることはできません。だから、私のほうから離婚しようと言い出したのです」

その後に面接したご主人が言うには、「私は、今、会社で重要なプロジェクトの責任ある立場にいるのです。そのことで頭がいっぱいで、ほかのことを考える余裕がありません。家に帰っても、仕事のことが頭から離れません。私は家のことはすべて女房にまかせているのです。だから女房が話しかけてくればくるほどわずらわしくなって、口をききたくなくなります。女房が不満なのはよく分かるのですが、どうしようもないのです」

互いの心を育てる結婚生活を

日本の若い人には、結婚をゴールだと思っている人が多いようです。結婚はゴールではなく、スタートなのです。全く違った環境で生まれ育った二人が、何かのご縁で一緒になって新しい生活を始めるのが結婚です。

恋愛中は、あばたもえくぼで、何もかもよく見えます。相手の欠点すらよく見えてしまうものです。そして相手によく思われたい、よく見られたいという欲求が働いて、本当の自分の姿を隠そうとするものです。そしてお互いに、自分の愛する人の理想の姿を勝手に描いて期待して結婚するのです。

ところが、結婚後、日がたつにつれてその期待が裏切られ、こんなはずではなかったと後悔するのがおちです。この二人のカップルのケースも、ほぼこれに近いと思いました。

そこで三者面談をして、私は次のように言いました。

「失礼ですが、あなた方、お二人の結婚に対する考え方は、あまりにも幼稚です。なぜなら、あなた方は結婚をゴールだと思っているからです。

人間というのは、自分中心に心が働くようにできた、まことに不完全な存在なのです。だからある日、突然、不完全な者同士が同じ屋根の下で生活して、うまくいくことなど、あるはずがありません。

たとえば、食生活の違いからくるトラブル、生活習慣の違いが原因で起こるトラブル、あるいは意思疎通が不十分だったため生ずる曲解《きょっかい》や誤解など、独身時代には思いもつかなかったことを体験するのが結婚生活というものです。

おそらくあなた方は恋愛中に、この人なら幸せになれると思って結婚を決意されたことでしょう。しかし、それは錯覚であって、恋愛結婚の陥りやすい落とし穴なのです。結婚生活とは、そんな甘いものではありません。

お互いに人生経験も浅く、人間として未熟な者同士であるだけに、愛が必要なのです。本当の愛とは求めるものではなく、与えるものです。お互いに相手に何をしてあげれば、相手が喜ぶかを考えるのが思いやりというものです。あなた方は、自分中心の求める心を愛だと錯覚していたにすぎません。

毎日の生活において、お互いに求める心でいると、ささいなことでも取り返しのつかないことになりかねません。

たとえば、こんな情景を頭に描いてみてください。夕方、奥さんは夕食の仕《し》度《たく》で手の離せない状態でした。そのとき、赤ちゃんがおしめを代えてほしいと泣き出しました。そこへ、ちょうどご主人が会社から疲れて帰ってきました。

奥さんなら、その場合どうされますか。

たいていの人は、ちょうどよいところへご主人が帰ってきたのですから、台所から大声で、『あなた、夕食の支度で手が離せないから、〇〇ちゃんのおしめを代えてくれない?』と声をかけるでしょう。

帰ってくるなり女房から突然『おしめを代えろ』と言われたご主人は、きっとこう言うでしょう。『僕は今日疲れているんだ。それをいきなりおしめを代えろとはなんだ。それはおまえの仕事だろう』と。すると奥さんは『私だって、毎日子育てで疲れているんです。今、手が離せないから頼んでいるんです。おしめぐらい代えたっていいでしょう』と反発するのがおちです。

これでは、売り言葉に買い言葉で、夫婦の言い争いはエスカレートするばかりです。

もし、この場合、ご主人への思いやりのある奥さんでしたら、とりあえず料理の手を休めて玄関に駆けつけ、にっこり笑って『あなた、お帰りなさい。お疲れのところ申し訳ありませんが、今、夕食の仕度で手が離せませんので、○○ちゃんのおしめを代えていただけませんか』と、丁寧にお願いされることでしょう。

このように言われれば、おそらくご主人も奥さんへのいたわりの心で『いいよ、僕がやるから』と気持ちよく引き受けてくれるでしょう。

ちょっとした相手への思いやりの心があるかないかによって、夫婦の関係は大きく変わるのです。

一生かけて相手に対する思いやりの心、いたわる心、慰める心を、お互いに育てていくのが結婚生活です。だからゴールではなく、スタートなのです。これからは、思いやりの心である道徳心をお互いの心の中に育てていくことを人生の目的として、もう一度スタートラインに戻って、二人で助け合い、いたわり合って、明るい温かい家庭づくりに努力してみてください。あなた方の愛の結晶である子供さんの将来のためにも、ぜひお願いします」と。

神妙に聞き入っていた二人は、未来に光を見いだしたかのように笑顔を取り戻し、深々と頭を下げ、手を取り合って応接室を出ていきました。

事例（2）　夫の浮気で離婚寸前の夫婦

取り付く島もない妻

昭和六十一年四月の講座に、古くからモラロジーを学んでいる先輩に連れられて、一組の夫婦が受講しました。

当時、夫は四十五歳、妻は四十二歳で、結婚生活二十年目を迎えようとしていました。子供は中学一年の女の子と小学五年の男の子の二人で、夫の母親と同居の五人家族でした。夫の職業は父親の後を継いで、二代目の大工職人でした。

引率してきた方の話によると、二人は離婚届に押印しており、あとは役所に届け出るだけだというので、それなら岐阜県に瑞浪センターという研修所があるから、二人で一緒に受講してから離婚届を出したらいいと説得して、連れてきたというわけです。

講座の三日目に、まず最初にご主人と面接しました。二人は恋愛結婚で一緒になり、一年前までは子供も順調に育って、夫婦仲も普通であったといいます。ところが、彼は近所に住む友人の奥さんから、あることで相談に乗ってほしいと言われ、数回会っているうちに魔《ま》が差したというか、二人が男女の深い関係に陥ってしまったというのです。

やがて、奥さんが夫の行動に不信を抱くようになり、三か月前に二人が会っている現場を押さえてしまったのです。逆上した奥さんは、相手の女性を知っているだけに、そのショックが大きかったようです。

実は、彼には以前、浮気の前科があり、そのときは若気《わかげ》の至りでなんとか事なきを得たのですが、今度ばかりは絶対に許すわけにはいかないと妻が言い張り、やむを得ず離婚届に判子《はんこ》を押したというわけです。

このような経過を経て、夫の彼が言うのには、「金輪際、このような過《あやま》ちは二度と繰り返しません。私は、妻と離婚するつもりは毛頭《もうとう》ありません。子供もいることですから、なんとか離婚を思いとどまってやり直したいと思います。今はわらをもつかむ思いです。先生、よろしくお願いします」と懇願されました。私はこの講座中に、なんとか二人の仲をよくしてあげたいと真剣に思いました。

そのあとで、奥さんと面会しました。彼女の言うのに「私は夫がどのように弁解しようと許すわけにはいきません。彼がいくら反省してよりを戻そうとしても、私はやり直す気は毛頭ありません。今回、このセンターに来たのは、離婚を決意するために来たのです」と、全く取り付く島もありません。

私は、そのとき、この夫婦は九九％駄目だと思いました。そこで最後の手段として、私は彼と再び面会してこう言ったのです。

「最終日の前日に、三者面談しましょう。そのときに、私と奥さんと最初に応接間に入っていますから、少し遅れて来てください。そして、入った瞬間に彼女の前で土下座して謝ってください」と。

こぼれ落ちた一筋の涙

午後七時に、私と奥さんが応接間に先に入って、彼の来るのを待っていました。やがて数分後、彼が応接間に入るなり、奥さんの前で本当に土下座をして、

「ごめんなさい。許してください。今後二度とこのようなことはいたしません」

と言って謝ったのです。


そのとき、奥さんは、自分の主人が土下座している姿を見て、「あなた、そんな見え透いた芝居はやめてください」と、けんもほろろに冷たい言葉をあびせたのです。

私は、その情景を見て、女性というのは、いったん冷めると、こんなひどい

仕打ちをするのかと驚きました。私はいたたまれなくなって、彼にソファーに座るように促しました。彼はバツが悪そうに、頭をかきながらソファーに腰をおろしました。

そこで、私はお二人に次のように言ったのです。

「この世にはたくさんの人がいますが、その中であなた方は夫婦として一緒になったということは、何かのご縁だと思います。まことに偶然のようでもあり、必然であったともいえます。

あなた方は恋愛で結婚されたそうですが、当時を振り返ってみてください。きっとお互いに、この世でなくてはならない愛する存在であったに違いありません。そして、愛の結晶として二人の子供にも恵まれ、幸せそのものだったことでしょう」

すると、冷めきった無表情だった奥さんの顔が、少しおだやかになったように思いました。

「ところで、奥さん、確かにご主人のしたことは、決して許されることではありません。とくに純潔を大切する女性にとっては、自分の主人が他の女性と関係することは耐えられないことでしょう。

しかし、よく考えてみてください。私たち人間は誰一人として完全な人はいないのです。私たちはよいこともすれば、過ちを犯すこともあります。

人間は本来、自分中心に考え、生きる存在だともいえます。その証拠に、二人がケンカをした場合、まず自分は間違っていないと考えます。自分が間違っていないということは、相手が間違っていることになります。

こうしてお互いに相手が悪いといって、責め合うのがケンカです。すなわち、自分の利己心と相手の利己心が対立し、戦うのが争いです。

しかし、人間にはわずかですが、相手を思いやる道徳心の働きがあります。利己心が強いだけに、なかなか相手の立場に立って、相手を真に思いやることは至難ですが、こちらが道徳心を働かせれば、必ず相手の道徳心を引き出すことができるのです。

奥さんは、彼と結婚し、妻として主婦としてその務めを立派に果たし、また、母親として二人の子供を育ててこられたことは、すばらしいことだと思います。しかし、主人に対して、お姑さんに対して、あるいは子供に対して、本当によい心づかいで生きてこられたでしょうか」

奥さんは、うつむいたままで、じっと私の話を聞いていましたが、そのとき、奥さんの目から一筋の涙がこぼれ落ちたのです。

今まで、主人に裏切られ、そして主人を一方的に悪と決めつけ、責め続けてきた奥さんの心に変化が起きたのです。すなわち、あれほど頑《かたく》なに閉ざしていた心が開き始めたのです。

本来の自分を取り戻す

おそらく、奥さんは、そのとき、冷静に自分自身を見つめ直すと、形のうえでよいことをしてきたと思っていたが、決してよい心づかいではなかったと反省されたように思います。

私は、その瞬間、この夫婦は助かると直感しました。

「子供さんがいなければ、今すぐにでも別れたらいいでしょう。しかし、あなた方には二人の子供がいるのです。しかも、親の愛情をいっぱいもらって心身共に成長する大事なときを迎えているのです。

こんな大切なときに、親の勝手であなた方が離婚したら、何の罪もない子供さんの将来はいったいどうなるのでしょうか。親が離婚するということは、子供にとっては精神的に股裂《またさ》きに合うようなものです。奥さん、こんな残酷な仕打ちをして、平気でおられますか」と申し上げたとたん、奥さんは大声をあげて泣き崩れました。

こうして、九九・九％よりを戻すことはないと思われたこの夫婦は、二人一緒に道徳心を引き出すよい環境の下で生活することによって、本来の自分を取り戻すことができたのです。今後はお互いに力を合わせ、助け合って明るい家庭を築きますと約束して、帰路に着かれました。

事例（3）　姑と嫁の対立から夫婦関係が悪化

「これ以上、頑張り続けられない」

昭和六十年の五月ごろの講座に、夫は自分の家から、妻は実家から別々に受講に来ました。二人は三か月ぶりに瑞浪センターで再会して、同じ講座を受けることになったのです。このご夫婦は結婚して七年目になり、三歳と一歳の子供がいました。

彼の家は、その地方ではたいへん由緒《ゆいしょ》ある家で、当時、祖父、祖母、父、母、そして自分たち家族の八人が同居生活を営む大家族でした。

問題はどこにでも起こりうる嫁と姑の人間関係でした。

お嫁さんは子供ができるまでは、どうにかお姑さんに合わせてきましたが、子育てが始まると精神的にも肉体的にも疲労して、ついお姑さんに反抗するようになり、さらに悪いことにおばあさんとの関係も悪化していきました。

本来ですと、夫が姑と嫁の間に入って仲をとりもつか、妻の気持ちを聞いてあげるのですが、夫の彼は、仕事が忙しいことを理由に見て見ないふりをして、むしろかかわるのを避けてきました。

そんなお嫁さんを精神的に支えていたのが、実は祖父であるおじいさんだったのです。おじいさんは、孫の嫁がかわいくて、ときには愚痴《ぐち》を聞いてやったり、激励の言葉をかけて、彼女を支えてきました。ところが、その支えである祖父が亡くなってしまったのです。

支えを失ったお嫁さんは、全く孤立状態となり、やがてストレスがたまってノイローゼ状態に陥りました。そして、ついに子供を置いたまま、離婚するつもりで実家に帰ってしまったのです。

まず最初に、お嫁さんと面接しました。彼女はまだ完全にノイローゼ状態から脱しておらず、表情が暗く、目に輝きがありませんでした。

彼女は、小さいときから学校の成績もよく、活発なお嬢さんとしてのびのびと育ってきました。社交性に富み、なかなかの美人で背も高く、中学、高校時代は男子生徒からたいへん人気があったそうです。

七年前に、ある方の仲介で、彼と見合いをしましたが、彼の家が大家族であることに最初は結婚することをためらったそうです。しかし彼が、「何かあれば僕が支えてやるから」という言葉を信じて、結婚に踏み切りました。

彼女が言うには「七年間、自分なりに一生懸命やってきましたが、信じていた彼に裏切られ、そのうえ、私を支えてくださったおじいさんを失い、私はこれ以上、頑張り続けることができなくなったのです。子供には本当に悪い母親で申し訳ないと思いますが、とてもあの家に戻ってやり直す気は全くありません」と。

私は、まだ精神的に十分回復していない彼女にあれこれ言うことはやめて、この講座が終わったら、このセンターで次の講座まで静養して、もう一度講座を受けるよう勧めました。彼女がにっこり笑って、そうさせていただきますと言ってくれました。

利己心が自分を苦しめる

次に彼と面接しました。彼は自分が至らなかったことを深く反省して、どうしても彼女に帰ってきてほしいと言いました。そのとき、私が彼に言ったことは次のようなことでした。

「あなたは祖父、祖母やご両親の愛情をいっぱい受けて大切に育てられてきたことでしょう。だから、自分の家で生まれ育ったあなたにとっては、なんでもないことでも、全く違った環境で育った奥さんにとっては、違和感や苦痛に感じることが多々あるのです。

この七年間、奥さんの立場に立って、奥さんの心を思いやるような言葉を一度でもかけたことがありますか」と尋ねましたら、一度もないと言うのです。

そこで私は、「人間は、本来自分の存在感が満たされないと生きていけないのです。すなわち、誰かに認められたいという願望があります。奥さんにとって、誰よりもあなたに認めてほしかったのではないでしょうか。それにもかかわらず、夫であるあなたに代わって、おじいさんがそれをされてきたのです。その支えであるおじいさんが亡くなれば、当然、奥さんは追い詰められ、あなたの家にいることはできなくなるでしょう。夫であるあなたが、彼女の心の叫びを無視してきたことが、このような結果を招いたのです」と言いました。

私は彼に、奥さんをこのセンターに次の講座まで預からせてほしいと申しましたら、彼は快く了承し、その間に一度、子供を連れてセンターを訪問することを約束してくれました。

講座から講座まで、約十日間ありましたが、彼女は日ごとに心が安定していきました。とりわけ、久しぶりにわが子と対面し、失われていた母性本能がよみがえってきたことが、夫婦の関係をよい方向に導いたと思います。

次の講座を受講した彼女に面接したところ、彼女は次のように語ったのです。

「今の私は、この七年間の結婚生活を冷静に振り返ることができるようになりました。モラロジーを勉強してはじめて気づいたのですが、今まで自分がいかにわがままで自分中心であったか、大いに反省させられました。

とくに結婚当初の心がけが間違っていました。今思うと、この家へ嫁にきてやったという高慢な気持ちがありました。そして、妻として、嫁としてやるべきこともしないで、要求ばかりしていたように思います。私の利己心が周りの人の利己心を引き出して、結果として自分自身を苦しめることになったのです。もう一度、結婚生活をやり直したいと思えるようになりました。ただし、まだ精神的に不安定なところがありますので、できれば、当分、私たち家族四人だけの生活から始めたいと思います」

私は早速、彼に連絡を取り、彼女の気持ちを伝えました。

結局、この家族は一年間、親と別居した後、本家に戻ることになりました。

お姑さんは先生である

昔から嫁と姑の関係はむずかしいといわれています。しかし、お嫁さんが結婚生活に入る前に、次のような考え方で結婚したら、どういう結果になるでしょうか。

まず、お姑さんは何でも知っている先生、自分は何も知らない生徒と考えるのです。お姑さんは、その家に三十年、あるいは四十年も住んでいる、いわばお城の城主様です。お嫁さんは、ある日突然その城に入ってくる侵入者ともいえます。では、どうしたら無血でお城をその侵入者であるお嫁さんに明け渡すことができるかです。

私は、とくに長男と結婚する方に次のようにアドバイスします。

「お姑さんは先生、あなたは生徒です。結婚して一年間は、どのようなことでもお姑さんに聞いて、学ぶようにしなさい。その家にはその家の伝統・文化・あるいはしきたりというものがあります。

たとえば、お正月やお盆、田舎《いなか》なら秋祭りといった行事、あるいは料理の作り方というものがあって、その家の独自の習《なら》わしに従って、それらの行事が執《と》り行われるのです。ですから、一年間、聞いて学べば、その家の文化はだいたい把握《はあく》することができるでしょう。

ここで大切なことは、お姑さんは何でも知っている先生ですから、尊敬の対象です。尊敬されて、腹を立てる人はいないでしょう。お姑さんを心から尊敬して尋ねれば、喜んで何でも快く教えてくれるでしょう。些細《ささい》なことでも、最初は聞いたほうがよいと思います。

たとえば、お味噌汁に入れるお豆腐でも、大きく切る家と、小さく切る家があります。だから『お母さん、お豆腐はどのように切りましょうか』と聞けばいいのです。もし、自分の家では大きく切っているとします。しかし、嫁ぎ先は小さく切る習わしだとします。あなたが悪気もなく大きく切ったら、お姑さんはどう思うでしょうか。これはあなたが異文化を持ち込んだことになり、お姑さんにとっては決して面白くないと思います」

一年もしたら、お姑さんは教えることがなくなり、うちの嫁はよい嫁だといって、喜んでお城を明け渡すことになるでしょう。

事例（4）　舅と嫁の対立から夫婦関係が悪化

たまっていくストレス

かつて私と一緒に仕事をした、当時二十五歳になる女性Cさんは、ご両親の愛情をいっぱい受けてのびのびと成長しました。子供のころから歌が大好きで、大学は声楽を専攻しました。Cさんは天性の明るさを身につけた、全くものおじしない現代的なお嬢さんでした。

当時、モラロジー研究所は、モラルの向上を目的にニッポン放送をキーステーションとして全国二十数局で、五分間のニューモラル・ラジオ放送を行っていました。

※『ニューモラル』：昭和四十四年九月創刊。心豊かな人生、楽しい家庭、明るい職場、住みよい社会をつくるための日々の心づかいと行いのあり方を提唱する「心を育てる」月刊誌。ニューモラル・ラジオ放送は、昭和四十八年十月から六十年三月まで放送された。

その関連事業として、若者を対象に「ニューモラルの講演と音楽の集い」を全国津々浦々《つつうらうら》で開催していましたので、その音楽の部をCさんに担当してもらうことになりました。二年間でCさんが舞台に立ったのは五、六か所くらいあったでしょうか。そのときのCさんは、大好きな歌が歌えるのですから、本当に生き生きとしていました。

そんなときに、ある青年との縁談話が持ち上がりましたが、結婚よりも今やっている仕事のほうが楽しくて、Cさんはその縁談話に全く乗り気でありませんでした。

ご両家のご両親は良縁だといってたいへん喜んでいました。私はCさんも結婚適齢期を迎えており、また相手の人もおとなしそうな好青年でしたので、なんとか二人を結びつけようと思いました。

最初は聞く耳を持たなかったCさんも、話を重ねていくうちに、だんだんその気になってきて、ついに結婚する決意を固めてくれたのです。そして、それから半年後に、めでたく晴れの結婚式を迎え、私はこの二人ならお似合いのカップルで、必ず幸せな生活を送ってくれるだろうと確信していました。

ところが、彼のお父さんは、波瀾万丈《はらんばんじょう》の人生を生き抜いてこられた、いわゆるゴッドファーザーのような人でした。Cさんは彼とは夫婦仲はよかったのですが、そのお父さんとの折り合いが悪く、日に日に悪化していきました。ついに平常心を失ったCさんは、夫に「私をとるか、お父さんをとるか」と、迫りました。決断できない夫を見て、Cさんのストレスはたまる一方です。やがてCさんは夫に対して、一緒に死んでほしいと言うまで、心身ともにボロボロになってしまったのです。

精神と肉体の密接な関係

私は実家に戻ったCさんを見舞いに行きました。変りはてたCさんの姿を見て、元気なときの彼女を知っているだけに、「精神作用の肉体に及ぼす影響」がいかに大きいかに驚きました。まさに重度の心身症です。Cさんは首が左右に曲がらず前を向いたままで、歩き方はよちよち歩きです。そして、毎日泣いてばかりいるというのです。家の中にタオルや帯状のものがあると、それで自分の首をしめようとするので、彼女から目が離せないとお母さんは言いました。

そんな彼女と再会するとは夢にも思っていなかった私は、彼女を慰める言葉が見つかりませんでした。ピアノの前に彼女を連れていって、「Cさん、またあなたの好きな歌が歌える仕事を一緒にしようよ」というのが精いっぱいでした。

彼女に結婚をするよう積極的にすすめた私は、自責の念にかられながら、Cさんと別れたのでした。

その後、Cさんは九州大学の心療内科に入院して、池見酉次郎先生（一九一五〜一九九九。九州大学医学部名誉教授、日本心身医学会名誉理事長。日本の心療内科の生みの親）にお世話になり、一年後には、人生をプラス発想で生きる前向きの努力の結果、見事に心身症を克服し、元の元気なCさんに戻ったのでした。

このように、ストレスから身体に症状が出るのを心身症といいますが、Cさんは神経系もおかされており、いわば心身症と神経症の合併症のような最悪の状態でした。

最近の医学では、精神の肉体に及ぼす影響を重視するようになってきました。ことにストレスは、すべての病気の引き金になるとまでいわれています。

精神と肉体とはいかに密接な関係にあるか、ことに日々のストレスが蓄積するような状況にある場合は、早めにストレスから解放されないと、大きな結果を招くことをCさんは教えてくれたのです。

四　人生における「まさか」の坂

人生の試験は範囲不明

紀元前一世紀のころ、中国に淮南子《えなんじ》という人がいました。その人が書いた書物の中に「人間万事塞翁《にんげんばんじさいおう》が馬《うま》」という諺《ことわざ》が出てきます。

昔、中国の辺境の砦《とりで》であった辺塞《へんさい》という町に、一人の老人が住んでいました。

町の人々は、その老人を塞翁と呼んでいました。

あるとき、この塞翁がいちばん大事にしていた馬が胡地《こち》という辺境な地に逃げ込んでいなくなってしまったのです。塞翁はさぞがっかりしていることだろうと思いきや、「これが縁となって、またどんなよいことがあるかも分からんよ」と平然としていました。

すると数か月後、その逃げた愛馬が胡地の駿馬《しゅんめ》を引き連れて帰ってきたのです。ところが、塞翁は喜ぶどころか「これが縁で、またどんな災難が起きんともかぎらんわい」と、にこりともしませんでした。

すると数日後、塞翁の一人息子がその新参の駿馬を調教しようとして落馬し、足を骨折するという事故に遭遇しました。しかし塞翁は、少しも嘆き悲しんだりしませんでした。

それから数日後、またまた塞翁の予想したとおりのことが起きたのです。

胡地との間に戦争が起こり、村中の若者が兵隊として駆り出されました。ところが、息子だけは足が不自由なために、それを免れることになったのです。

けれども、塞翁は今までと少しも変わらず、平然としていたという話です。

このように人生はまさに、「人間万事塞翁が馬」だとも言えるでしょう。誰も明日、何が起こるか予知することはできません。

学校の試験なら、先生があらかじめ何月何日に英語のテストをしますから、何ページから何ページまで勉強してきなさいと予告してくれます。しかし、人生の試験には、英語なのか数学なのか、またどこから問題が出るのか、全く分からないのが現実です。

塞翁のように、どのような問題が降りかかっても、平然とした態度を取れる人は、人生を達観した傑物と言えます。平凡な私たちは、いろんな問題に直面するたびに一喜一憂し、平常心を失うのが常というものです。

長い人生を生きていくうえで、私たちは大なり小なり、必ず問題に直面します。そのようなときに、その問題をどのように受けとめ、問題解決に向っていけばよいのでしょうか。

すべてを感謝の心で受けとめる

私たちは、たいていの場合、予期せぬ問題に遭遇すると、「困ったな、どうしよう」と考えます。これは、利己心で受けとめたことになります。利己心で受けとめた場合は、解決どころか、ますます問題をこじらせることになっていきます。

話し合いで解決できれば幸いですが、とりわけ利害にかかわる問題の場合はたいてい、自分を正当化してお互いに譲らず、結局は、弁護士を立てて法によって解決するしかありません。法による解決は、後にしこりや怨念《おんねん》を残すことになりがちです。法は最低の道徳といわれるゆえんです。

やはり、双方が理解し合って、円満に解決するためには、道徳心によるしかありません。問題を道徳心によって受けとめるということは、まず反省の心で受けとめ、次に感謝の心を働かせることです。

すなわちこういう問題が、自分自身に降りかかってきたということは、今までの生き方にどこか落ち度があったのではないか、あるいは自分の身に覚えはないが、問題を事実として正面から受けとめ、冷静に判断することが大事だと思います。そして神様が、私自身を人間として成長させるために与えてくださった試練であると、感謝の心で受けとめるのです。これを「恩寵的試練《おんちょうてきしれん》」といい、これこそ道徳心による対し方です。

こちらがねばり強く道徳心で対していけば、やがて相手も道徳心を刺激されて、穏やかなな心で対してきて、予想もしない結果をもたらすことがあるのです。

事例（1）　火事で妻子を一度に失ったKさん

人生は決して平坦な道ばかりでなく、山もあれば谷もあります。今日まで幸せで生きてきた人が、突然考えられないような不幸に見舞われる場合もあります。

私の知人、Ｋさんは、乾麺製造業を営む四代目の当主です。今日まで事業も順調に発展し、家庭も二人の子供に恵まれ、幸せに生きてきました。ところが、平成四年一月、出張中に火災が発生し、家屋も工場も全焼してしまいました。そのうえ、愛する妻と子供も同時に失ってしまったのです。Ｋさんは、この悲劇に遭遇して放心状態に陥り、生きていく希望さえ失いかけていました。当然そのショックで体調をこわし、人と話していても動悸《どうき》が激しくなり、息苦しくなるほどでした。

かろうじて元気を取り戻し、多くの方々からいただいた激励や慰安《いあん》の手紙を整理しはじめたのは、四十九日の法要を終えたころでした。そのとき、一通の手紙がＫさんの心に光を与えたのです。その手紙には、次のように書かれていました。

「今後は未来志向に専念し、何事もプラス発想で生きていただきたいということです。なぜなら、過去を向くことは、必ず後悔の念と悲しみに襲われ、自暴自棄に陥るからです。それでは貴兄の愛すべき妻と二人の子供さんの死が無駄死になってしまうでしょう。三人の尊い死を生かす道は、ただ一つK家を立派に再建することです」

この手紙を読んだKさんは、「いつまでも思い出して悲しんでいたら、妻も子供たちも成仏できない。これからは絶対に後ろを振り返らない。未来に目を向けて生きていこう」と決心しました。

一年後には、Kさんは立派に工場を再建し、「観《み》て、食べて、憩《いこ》える杜《もり》の有る麺工房」をキャッチフレーズとして工場を再開させ、今日まで事業は順調に発展しています。

このように、Kさんをして逆境の中から見事に立ち直らせたのは、いったい何がそうさせたのでしょうか。

Kさんは、青年時代からモラロジーの教学に接し、人間にとって品性が最も大切であり、その品性を高めるためには、道徳心を涵養《かんよう》する以外に道はないという強い信念をもって、企業人として、また家庭人として道徳心の向上に日夜研鑽をつまれていました。その結果として培われた道徳心の力が、あのようなドン底から立ち上がらせたのです。

神は、その人に耐えられないような試練は与えないといわれます。Kさんには、あれだけの試練をも乗り越える実力、すなわち道徳心が身についていたからだといえましょう。

事例（2）　一人息子の死で、生きる望みを失ったWさん

一筋の光を見た言葉

昭和六十二年一月、年齢は五十歳で造園業を営むWさんが、瑞浪センターの講座を受講されました。Wさんには、二人の子供さんがおり、上のお姉さんはすでに結婚されており、息子さんは陶芸家を志して、七年間の修業を終えて昭和六十一年に家に帰ってきました。ところが、その年の十一月、息子さんは友人三人と前穂高岳に登り、息子さんだけが滑落して亡くなるという悲劇がWさんを襲ったのです。

息子さんは、たいへん山が好きで、いつもは一人で行くのに、その年に限って三人のパーティーで登って事故に遭遇したのです。Wさんはなぜ、うちの息子だけがという疑問と、二人を責める心が働きました。息子に大きな期待を寄せていただけに、Wさんはこの世に神も仏もあるものかと、まさに自暴自棄に陥り、お酒で寂しさを紛らわす毎日でした。

そういう悲しみのドン底にいるWさんに、三日目に面接をしたのです。Wさんは、私の前で泣きながら息子さんの話をされました。私は三十分ほど、Wさんの悲しみに同情の心を寄せていましたが、「Wさん、泣いておっても息子さんは帰ってきませんよ。それよりも今後、このモラロジーを真剣に勉強すれば、精神的子供はいくらでもできますよ。これからは精神的子供を多くつくるように努力しなさい。そうすれば、必ず幸せになりますよ」と申し上げたのです。

後日、Wさんは、そのときの「精神的子供」という言葉が、真っ暗なトンネルの中で一筋の光を発見したようだったと言われました。

いよいよ講座も最終日を迎え、受講の感想発表の時間がきました。発表者十人の一人に、Wさんが選ばれたのです。

私は一番前の席で、Wさんが皆さんの前で泣きながら息子さんの話をされるのではないかと、はらはらしていました。三日前はこの世のすべての不幸を背負っているかのようなWさんの顔が、別人になっているのを見て、私は、三日間で人はこんなに変わることができるのかと驚きました。

前途に生きる希望を見いだしたWさんは、皆さんの前でなんと笑いを誘うような話をされたのです。考え方を変えることによって、Wさんの心の中に大きな変化が生じました。これからの人生は最高道徳を実行して、「精神的子供」づくりに専念しようと決心されたのです。

この講座の受講を転機として、その後のWさんの生き方は、従来の生き方とは一八〇度変わりました。もちろんWさんは、息子さんの死を思うとなんともいえない悲しみに襲われ、寝つけない日もありました。

その年の九月、Wさんは、千葉県柏市にあるモラロジー研究所で開講される「モラロジー概説講座」を受講しました。そのとき、モラロジーの創建者廣池千九郎博士の墓所の一角に建てられた記念碑に刻まれた「とこしべに我《わが》たましひは茲《ここ》に生きて、御教守《みおしえ》る人々の生まれ更《かわ》るを祈り申さむ」の辞世の句がWさんの目にとまり、その瞬間、「深い悲しみに暮れることは、見る人を不愉快にするから利己心です」という廣池博士の言葉が聞こえたというのです。

Wさんは、それからというもの毎年、講座を受講するたびに夜が明けると、感謝を込めて墓前の掃除を一人でするようになったといいます。

「精神的子供」に慕われて

私は、平成元年四月、瑞浪センターから千葉のモラロジー研究所へ転勤となりました。平成四年の一月末、Wさんは嫁いだ娘さんを連れて、相談に来られました。彼女は結婚して十年になるが、子供に恵まれないことで、姑との折り合いが悪く、かなり精神的にまいっている様子でした。

私は、このまま結婚生活を続ければ、彼女のノイローゼ状態がますます悪化すると判断し、結局、子供もいないので離婚してはどうかと申し上げました。

ところが、彼女がお姑さんに離婚の話を切り出そうと思ったときに、お姑さんが交通事故に遭い、入院することになってしまったのです。そこで、離婚は一時あきらめ、彼女は献身的にお姑さんの身の回りのお世話をしました。そして一年半後、お姑さんが退院した後、円満に離婚することができたのです。

その後、しばらくして、Wさんの家に思いもよらないメイクドラマが展開するのです。

ある日のこと、一人の若い男性がW家を訪ねてきました。彼は、Wさんの娘さんの事情を何もかも知ったうえで、彼女との結婚を申し込みに来たのです。三人の兄弟の長男で、婿養子に入ってもいいというのです。W家にとって願ってもない話です。こんなに早く幸せが舞い込んでくるとは想像もしていなかっただけに、Wさんは心から二人の結婚を祝福しました。

ほどなく初孫が誕生しました。その誕生の日が、なんと息子さんの亡くなった日と同じで、しかも男の子でした。まさに息子さんの生まれかわりではないかと、Wさんは心から神に感謝するとともに、ますます道徳実行への決意を新たにしました。その後、五年のうちに三人の孫が授かり、三世代七人家族で幸せな日々を送られています。

平成十四年十一月に、息子さんの十七回忌を迎えました。そのとき、実の親のごとく親身になってお世話してきた「精神的子供」は十数人になっていました。彼らは毎月、息子さんの命日にWさんの家に来て、Wさん夫婦を〝親父さん、お袋さん〟と呼んで慕っています。

もしモラロジーにご縁がなかったら、Wさん夫婦は今ごろ、寂しい老後を送られていたかもしれません。息子の突然の死という悲しい出来事に遭遇しながらも、その逆境を見事に乗り越えたWさんは、平成十八年四月に妻を亡くしましたが、現在、大勢の精神的子供や娘夫婦と三人の孫に囲まれ、幸せな生活を送られています。これこそ、道徳心の力が演出したメイクドラマといえましょう。

事例（3）　二億五千万円の賠償金を要求されたTさん

これから紹介する事例は、そんなことがあるはずがないと思われるかもしれませんが、現実にあったTさんという開業医の体験です。

払いきれない賠償要求に直面

Tさんは当時四十歳で、地方都市で医院を経営する内科小児科専門のお医者で、評判の方でした。

事件が起きたのは、休診日でTさんが不在のときでした。Tさんは医院のほかに三階建ての建物でベッド数十床を持つ人間ドック検診のための立派な施設も経営しており、そちらのほうは別の医者に来てもらっていました。

その日、整体師をしている三十歳代の青年が胃の検査にやってきました。その検査は、注射を打ってからするのですが、たまたまその時間帯に当直医が不在だったそうです。

看護師さんは、当然、医者の指示がなければ、注射を打つことはできませんので断りました。するとその青年が、「私が責任を持つ。心配ないから注射を打て」と強要したため、その看護師はつい医者の許可なしで注射を打ったのですが、その結果、青年が亡くなってしまうという最悪の事件が起きたのです。

この事件によって、亡くなった青年の父親が、Tさんに二億五千万円の賠償金を要求してきました。Tさんは、とてもそれだけの大金を用意することは不可能で、こちらが出せるのは精いっぱいで一億円ならなんとか工面できると先方に伝えましたが、その父親は断固として譲らず、平行線のまま時間が過ぎていきました。Tさんはすっかり困り果てて、いっそ医院を廃業しようかとも考えたそうです。

「たとえ二代、三代かけても……」

そんなときに、以前からTさんに誠意をもって相談に乗っていたOさんという方がいました。私はOさんとは、モラロジーを学ぶ仲間というより先輩として、長いお付き合いをさせていただいている関係もあって、ある日、Oさんから T さんを連れて行くから相談に乗ってほしいという電話がありました。

私は、T さんにお会いしたときに、三つのことを申し上げました。

一つは、運命の自覚をしてくださいということです。こんな事件はめったに起こることではありません。しかし起きたのは事実です。この現実から逃げるのではなく、この現実に真正面から対峙《たいじ》してくださいと申し上げました。

そして、このような問題がわが身に降りかかるのは、一朝一夕ではなく、T さん自身の今日までの心づかいと行いに原因があったかもしれません。したがって、ここは厳粛に運命の自覚をして、自己に対する深い反省の心と親、祖先に対する謝罪の心で、犠牲となった先方の苦しみを思いやることが大事であると申し上げました。

二つ目は、今まで先方にお伺いして何回、仏様にお線香をあげましたか、と尋ねましたところ、事件が起きた当初は数回お伺いしたが、賠償金の話が出てからは、ほとんどないとのことでした。確かに対立関係にあれば、行きにくいのは分かります。

「しかし、あなたも三人の子供を持つ親です。わが子を失った親の悲しみは想像を絶するものがあります。その悲しみと憎しみが、二億五千万円というお金に表現されているのではないでしょうか。ですから、たとえ、どんなに断られ続けても、先方にお伺いして、仏様にお線香をあげさせてほしいと、誠心誠意懇願してみてください」と申し上げたのです。

三つ目は、これは最もむずかしいことですが、「あなたは、本当はできれば一銭も出したくないのではないですか」とお尋ねしましたら、正直にそのとおりだと言われましたので、「あなたが払いたくないという利己心が働いている限り、先方は、払えという利己心が働くのです。利己心は利己心を引き出すからです。人間は本来、欲のかたまりのようなものです。その欲を捨てるのですから、相当の覚悟が必要です。すなわち肚《はら》をつくらないとできません。その肚づくりのために、一度、モラロジー研究所が主催する生涯学習講座を受講し、真剣にモラロジーを勉強してみませんか」とお勧めしました。

そうしましたら、それから半年後、八月のお盆の講座にご夫婦で受講され、はじめてモラロジーの中核である最高道徳を学ばれたのです。

帰宅されて一週間後、Oさんからはがきが届きました。そのはがきには、問題が解決したと書かれていたのです。すなわち、賠償金は一億円となったのです。私は本当に目を疑いましたが、間違いなく先方が、その金額で了解したというわけです。

なぜ、数年の間、平行線のまま来ていた難問題が、こんなに急転直下解決したのでしょうか。

Tさん夫婦は、五泊六日の受講中、最高道徳の原理を学ぶことによって、「先方の要求を受け入れよう。たとえ自分一代で払えなくても、二代、三代かけても払わせていただこう」という肚ができたのです。つまり、Tさん夫婦の道徳心が先方の道徳心を引き出したのです。これこそ、最高道徳的解決法といえましょう。

これには後日談があります。数年後、Tさんからお手紙がきました。そこには、先方のお父さんからお饅頭を頂戴《ちょうだい》して、こんな嬉しいことはないと書かれていました。また手紙がきました。今度は先方のお父さんが、検診のためにTさんの医院に来られ、感激した旨のことが書かれていたのです。

事例（4）　うつ病を克服した二人の場合

回復に時間のかかるストレスの蓄積

二十数年前に「テクノストレス」という聞き慣れない言葉を耳にしました。コンピューターの急速な発達によって、私たちの生活環境が大きな変化を遂げ、今や会社や家庭においても、コンピューターがなくては生活できないほど、IT革命が急速に進んでいます。

テクノストレスという言葉からも分かるように、とりわけコンピューターのソフト関連の会社でプログラマーの仕事に従事している人は、自分の手がけるプログラムを作成するのに昼夜を分かたず没頭するために、テクノストレスになりやすいといわれています。

本来、ストレスというのは、ここに一つのボールがあるとします。それを指で外側からぐっと押しますと、ボールはへこんだ状態、すなわち歪《ひず》みができます。それがストレス状態です。そして、その外圧をストレッサー（有害因子）といいます。私たちは毎日の生活の中で、常に大小様々なストレッサーに見舞われているのです。

たとえば、暑いとか寒いというのもストレッサーですが、このようなストレッサーは、その歪みができても一時的で、すぐ正常な姿に戻ります。

ところが自分の身内に不幸な出来事、たとえば病気、死亡、自動車事故、火災といった状況に直面した場合、これは強烈なストレッサーとして、私たちを襲ってきます。したがって、その精神的な歪みは大きく、すぐに正常な形に戻ることは困難になります。

こういう異常な状態が長く続き、平常心に戻ることができなくなると、その歪みは二つの症状となって表れてきます。一つは、神経症（ノイローゼ）で、もう一つは心身症です。ストレスが原因で、神経系が冒《おか》されると神経症となり、肉体に異常をきたすと心身症といわれています。

一般にテクノストレスというのは、短い期間でなるのではなく、数年かけてストレスが少しずつ蓄積した結果として、症状が表れるといわれています。それだけに、普通のストレスと違って回復に時間がかかるのです。

最近は、人間関係が円滑にいかないために、神経症や心身症になる人が非常に多くなっています。また、成長盛りの子供さんにもそれらの症状が出てきて、深刻な社会問題になりつつあります。

道徳心を磨き、高める

あるとき、コンピューター関連の会社を経営する社長が、瑞浪センターを受講されました。十人ほどの小規模の会社であるだけに、これまで社長自ら先頭を切って頑張ってこられたのですが、ある日突然、仕事への意欲を失い、やがて死にたいという衝動に襲われるようになったというのです。そんなときに、取引先の社長から、一度、瑞浪センターへ行ってはどうかと勧められ、今回の受講になったというわけです。

三日目にその社長さんと面接しましたら、いきなり「もうこれ以上、ここでの生活が耐えられないから、家に帰りたい」と言われるのです。

その社長さんは、年齢が五十歳代で頭脳明晰《めいせき》な方で、どちらかというと何事も論理的に考えるタイプです。したがって、自分なりの価値観や考え方を持って今日まで生きてこられたようです。

その社長さんは見たところ、自分の考えもしっかり表現され、いわゆるうつ的な症状もほとんど感じられませんでした。

なぜ、家に帰りたくなったのかというと、この社長さんは、講師の話す内容を一つひとつ自分の考え方と比較して、自分の考えに合えば正しい、合わないと間違っていると批判しながら聞いておられたからです。

そこで、私は「今回、このセンターに来られた目的は、まず頭を休め、心を癒《いや》すことではないでしょうか。講師の話を評論家的な聞き方をすると逆効果で、かえって疲労が蓄積するだけです。だからここにいることが耐えられなくなったのではないですか」と言いましたら、社長さんは「私は、昔から自分の考えに合わないと、どうしても理屈っぽくなるのです」と素直に認められました。

私は「この世の中は、必ずしも一プラス一が二になるとはかぎりません。ときにはゼロになったり、三になることもあります。また、ものの見方は見る視点によって違ってきますし、考え方も人さまざまです。あなたは今まで自分の考え方は正しいと思って生きてこられた結果、行き詰ったのです。

ですから、この講座中は何も考えずに、もっと心にゆとりをもって、おおらかな気持ちで生活してみてください。そのためには、頭の中を空っぽにして、素直な気持ちで、あと三日間を過ごしてみてください」と申し上げました。

五日目の朝、社長さんにばったりお会いしたところ、明るい笑顔で「先生、頭を空っぽにすればいいんですね」と大声で言われたのです。

人間は、道徳心が働いたとき、本来の自分を取り戻すことができます。反対に自分が正しいとか、自分は間違っていないという〝とらわれる心〟が働くと、知らず知らずのうちに、自然の法則に反した生き方となり、自分で自分を追い詰めることになるのです。大切なことは、日々の生活の中でこつこつと、道徳心を磨き、高めていくことが必要だと言えましょう。

心の中で感謝の言葉を繰り返す

もう一人、三十歳になる青年の事例を紹介しましょう。

この青年は、名古屋大学を卒業して、一部上場の企業に就職しました。配属された職場がエリートが集る研究開発室でした。彼は、どちらかというと、口数が少なく内向的な性格のため、職場内の人間関係がうまくいかなかったようです。

それが原因でストレスがたまり、出社拒否となり、やがて家に引きこもるようになったというのです。専門医からはうつ病と診断されました。その後、退職し、妻とも離婚することになってしまいました。

この青年が、友人の勧めでモラロジーを勉強するようになり、それがご縁で受講することになりました。

講座の三日目に彼と面接しました。彼は、薬の影響で顔がふくれ上がり、目はうつろで、生気がありませんでした。その彼に、私は「あなたは、お父さん、お母さんに幸せになってください、と祈ることができますか」と尋ねましたら、即座に「できません」と答えました。

次に「あなたは、ご両親のお蔭で今日まで育てていただいたことに感謝できますか」と聞きましたら、けげんな顔をして「感謝？　できません」というのです。

精神的に正常な普通の人に同じ質問をすると、みな、そんなことは簡単なことで、いつでも感謝の心も祈る心も働きますと答えます。ところが、彼はそういう心を働かせることができないのです。さらに「あなたは、講師の話が理解できますか」と尋ねましたら、ほとんど分からないと言いました。

そこで私は、「今日から意識して、どこにいても心の中で、感謝、感謝と言い続けてみてください。次に、ノートに感謝の文字を何回も書き続けてみてください」と言いました。

人間には自然の治癒力というものを潜在的に持っています。肉体の治癒力があると同じように、心の治癒力もあるはずです。自然の恵みに感謝したり、親、祖先に感謝することによって心の治癒力が引き出されるのです。このように無意識の中に埋もれている治癒力を、自分から積極的に刺激してやれば、必ず顕在化してきます。

この治癒力こそすべての人に与えられた宝物、すなわち道徳心だといえます。私は、その青年が潜在的に持っている道徳心を自分の力で顕在化させることが、今の彼にとっては必要だと思い、感謝の言葉を心の中で言い続けるようにアドバイスしたのです。

その後、彼は必死にそれを実行したそうです。また、センターの恵まれた環境、それにすばらしい人との出会いによって、彼の道徳心は触発されていったのでしょう。その結果、心の治癒力が働くようになり、やがて不可能であったご両親の幸せを祈ることも、感謝することもできるようになりました。

後日、彼の友人のお母さんにお会いしたとき、次のように話されました。

「瑞浪センターを受講する前は、私の家に来ても挨拶することができませんでした。ところが、受講後訪ねてきたとき、大きな声で、〝こんにちは〟といって家に入って来たときには、その変わりように本当にびっくりしました」と。

彼は見事に精神的に立ち直り、今では幸せな結婚生活を送っています。

第四章　求道者として生きた法学博士廣池千九郎

これまで、モラロジーの考え方を基本にした道徳心の重要性について、私が多くの方々と直接面接した中から、いくつかの事例や体験談を交えながら述べてきました。

本章では、総合人間学とも言えるモラロジーの理解を深めるために、その創建者である廣池千九郎の人生を紹介したいと思います。それは、モラロジーが学問的に確立される背景には、廣池の生い立ちや家庭環境、人生上の数々の苦難、その苦難を乗り越えた人生そのものが大きく影響しているからです。

一　がむしゃらに生きた前半生

廣池千九郎は、今からちょうど百四十年前の、慶応二年（一八六六年）三月二十九日、貧しい農家の長男として、現在の大分県中津市に生まれました。両親は、たいへん信仰心が厚く、また子供たちには、親孝行は親のためにするのではなく、将来、自分たちが幸せになるためにするのですよ、と教育しました。貧しい家庭でしたが、精神的には豊かな家庭環境で育ちました。

廣池は、生涯にわたって、真理、すなわち人間としての正しい生き方を求め、それを体得実践した人ですが、まさにその基礎がこのような家庭教育で培われたということができます。

廣池は小さいときから家業の農業を自分から進んでよく手伝いました。また神童と言われ、大分県から表彰を受けるなど、学業の成績は優秀でした。

十四歳で母校の永添《ながそえ》小学校の助教を務めた廣池は、将来、教師として身を立てるため、大分師範学校を二度受験しましたが、二度とも失敗しました。ところが、師範学校の卒業資格をとる応請試業《おうせいしぎょう》に挑戦し、見事合格して、人よりも早く先生になることができたのです。

一方、廣池は、すでに十四歳のころから、神経の病、頭痛、めまい、耳病などに冒され、その後、生涯、神経系の持病と戦いながら学者として波瀾万丈《はらんばんじょう》の人生を送ることになります。

また、最初の試験に失敗した明治十六年、十七歳のとき、漢学者小川含章《おがわがんしょう》の主宰する私塾麗澤館《れいたくかん》に入塾しました。約九か月の短い期間でしたが、小川先生から当時の日本が欧化主義に傾く中で、国体（国の成り立ち）を守ることの必要性、とりわけ日本皇室の偉大性について学びました。これが契機となって、皇室への関心を深め、その後、皇室が万世一系として永続する真原因を学問的に研究することになります。

その研究の結果として、大正十五年にライフワークとしての新しい学問、モラロジーが誕生することになりますが、まさに十七歳のときにその種が植えられたといってもいいでしょう。

さて、中津時代は青年教師として活躍しました。廣池は、〝東洋のペスタロッチ〟をめざして貧しい子供たちのための子守学校を構想したり、夜間学校を開設したりしました。また、道徳教育に力を入れ、自ら道徳の教科書『新編小学修身用書』（全三巻）を発行して、生きた事例を通して徳目の大切さを教えました。

一方、歴史に関心があった廣池は、地方史のさきがけといわれる『中津歴史』を発行し、この成功を契機に、学者として身を立てる決意を固めて、郷里を後にして京都に出ます。京都では『史学普及雑誌』（一般人の史学思想を高めることを主目的とした雑誌）を発行し、歴史学者として立ちます。

その後、廣池は、東京に出て、法学者として前人未到の中国の法制史の研究に取り組み、東洋法制史という新しい学問分野を開拓し、数々の業績を残しました。さらに文法学者、神道学者、国学者としても、多くの業績を残しています。

また、当時の国家的事業であった『古事類苑』の編纂に十二年間従事し、全三十部門、洋装本にして五十一冊に及ぶ膨大な日本最大の事典の約四分の一を執筆しました。

このように廣池の前半生は、私たちの想像を絶する努力を重ね、学者として大成しました。

他方、廣池は単に学者としての道を歩んだだけでなく、青年時代から仏教、儒教、キリスト教の経典を読みあさり、あるいは、京都仁和寺《にんなじ》の住職にもなった高僧で、弘法大師《こうぼうだいし》以来の人格者と言われた雲照律師《うんしょうりっし》に直接教えを受けたり、さらに、鎌倉の禅寺で一か月、座禅を組むなど、熱心な求道者としての道を歩み、たえず自己の人格形成の研鑽《けんさん》を積みました。

ところが、明治三十七年十月、廣池は長年にわたる猛烈な勉学の無理がたたって、一時は生死をさまよう大病にみまわれます。この大病が廣池の心に大きな変化をもたらしました。

それまでの廣池は、「力なければ相手にならず」をモットーに、がむしゃらに生きてきました。

学歴も学閥も全くない人間が、学問の世界で一流の学者と伍《ご》していくためには、このモットーが心の支えであったことは容易に理解できます。頼るのは己の力以外になく、寸時を惜しんで人よりも何倍も勉学に励み、学力を身につけざるを得なかったのです。

しかし、この大病によって、人間の体そのものが人間の力を超えた大きな力によって生かされて生きていることに気づかされたのです。この大病の体験を契機として、今までの「生きている」という人生観から、「人間は生かされて生きている」という人生観へと大転換することになりました。

二　人間は生かされている存在

明治四十年六月、四十一歳のとき、『古事類苑』の編纂の仕事が終わった廣池は、神宮皇學館の教授として、単身、伊勢に赴任しました。

神宮皇學館では、専門の東洋法制史の講義のほかに、わが国固有の民族信仰である神道の歴史についての講義も担当しました。その責任上、当時、宗教として行われている教派神道についても研究しました。

教派神道とは、明治政府が国家神道と区別するためにつけた名称で、黒住教《くろずみきょう》、大本教《おおもときょう》、金光教《こんこうきょう》、禊教《みそぎきょう》、天理教《てんりきょう》など十三派ありました。

現地の調査に赴いた廣池は、教派神道のいずれの派にあっても、人間の誠意の偉大なる働きを実際に見聞して、大きな感動を受けたと述べています。廣池は、自分自身が弱い体であったため、よけい、誠の心の大切さを身にしみて感じたのでしょう。

当時、下宿先で廣池を誠心誠意お世話していた婦人が、たまたま天理教の熱心な信者でした。それが縁で勢山《せいざん》支教会の矢納幸吉《やのうこうきち》会長と出会い、精神的に大きな感化を受けることになります。

廣池は、矢納会長に、「誠」とは何か、と尋ねました。そうすると、矢納会長は、「実際に人を助けてみれば分かります」と言って、明治四十三年二月、二見《ふたみ》今一色《いまいっしき》にある講社に、廣池を案内しました。

そこには、三十七歳の女性で中風にかかって手足が動かず三年半も寝たきりの病人が、戸板に乗せられて話を聞きにきていました。廣池は、そこで教理について話をしました。

話が終わると、その女性は廣池に「知識のない私には、先生のお話はむずかしくてよく分かりません。しかし、この私の病気を治していただいたら、先生のおっしゃることは何でも信じます」と言ったのです。

そのとき廣池は、「この人を何としても助けねばならない」と決意しました。そして、この女性を助けるために約八キロも離れた二見今一色へ、四、五日おきに訪ね、誠心誠意、道徳心を注ぎ込んで、心の救済に努めた結果、二か月後には、その女性は手足が動くようになり、やがて自分で立って歩けるようになりました。

廣池は、そのときの心境を、後に、その女性を助けたい一心で、思わず知らず神にすがったと回顧しています。すなわちこの「誠の体験」によって、廣池は己の力の限界を知ると同時に、人間の力を超えた宇宙自然の働きを実感したのです。

廣池の純粋な誠の力、すなわち道徳心がその女性の道徳心を引き出し、全身に活力を与えたのです。肉体を治すのではなく、彼女の心を救済することによって、彼女自身が潜在的に持っている自然の治癒力を活性化させ、その結果、手足が動くようになったといえましょう。

この体験によって、人間は生きているのではなく、偉大な宇宙自然の働きによって生かされている存在であること、さらに誠とは、人の心を救う慈悲心であることを悟ったのです。

もう一つ、この体験から得たことは、矢納会長が神にすがって私（廣池）自身を救済しようとしていた、その大恩に気がついたことでした。

ここでいう神とは、宇宙自然の働き、すなわち目に見える宇宙自然の現象とそれを動かしている法則のことです。自然の一部である私たち人間は、道徳心を働かせたとき、自然の法則に従っているのです。つまり、このときの「誠の体験」によって、廣池は今まで生きてきた自己と他者、人と人の関係の世界から、自己と神との関係の世界へと進んでいくことになります。

三　「生命をお貸しくださるならば」

大正元年の九月、四十六歳を迎えた廣池に、その後の運命を決定づける大試練がやってきました。

九月二十日ごろから持病である神経系の病気が再発し、十一月末に伊勢の日赤病院に入院しました。

病状はいっこうによくならず、十二月六日、医者がさじを投げる生命の危機に直面しました。明治三十七年にも大病を克服した廣池でしたが、積年のすさまじい研究生活で肉体を酷使してきた結果、ついに絶体絶命の境地に立たされたのです。

実はその年の十一月、入院中の廣池に、東京帝国大学（現在の東京大学）に提出した論文により文部大臣から法学博士の学位授与の通知が届きました。小学校卒業の学歴しかない人間が、東京大学を通じて法学博士の学位を取得することは、至難中の至難といわれていました。

廣池は前人未到の難関を突破して、世間をあっといわしめたのです。しかし、これからは地位も名誉も財産もほしいままにできると思った矢先、死の宣告を受けるという、まさに天国から地獄に突き落とされる運命が待ち受けていたのです。同時にこのとき、身をもって、一時的な成功と真の幸福との違いを痛感したのでした。

廣池は、今日まで生きてきた人生を静かに振り返りました。

小さいときから親孝行を心がけ、誰にも負けないくらい両親を大切に思い、尽くしてきた。また学者としても数々の業績を残し、社会のためにも貢献してきた。にもかかわらず、なぜ、自分は今、死んでいかなければならないのだろうか。自分の生き方のどこに問題があったのだろうか――。

自問自答の末、廣池は、確かに形のうえでは道徳的で、数々のよいことをしてきたが、心づかいは、結局、自己中心の利己心に基づくものであったことに気がついたのです。

そして、真の愛とは、自分自身を捨てること、すなわち、自分の生命、自由、財産を人類の幸福のために捧げることである、と悟ったのです。

十二月六日の病状は、身体の全機能が働かない状態で、おもゆすら受けつけないほど、まさに絶体絶命の有様でした。しかし、翌日の七日、廣池はなんと退院してしまいます。一般の常識では考えられない行動に出たのです。

このときの廣池は、精神作用が自然の法則に適えば、すなわち神の心に合いさえすれば、神はその肉体を助けるという確信があったのです。そして、その年の十二月末には、この危機を乗り越えることができたのでした。

もう一つ、この大正元年の大試練で忘れてはならないのは、自分の生命、自由、財産のすべてを人類のために捧げることを神に誓い、二十年の延命を祈願していることです。

「もしも神様が私に一年の生命を貸してくださるならば、私は人心救済に関する世界諸聖人の真の教訓に基づく前人未到の真理を書き遺しておきましょう。

もしまた、さらにこれより長い生命（二十年）をお貸しくださるならば、私の学問、名誉、および社会の地位全部を（使って）、全人類の安心、幸福および人類社会永遠の平和の実現に努力させていただく所存です」

廣池はこのとき、今後の人生は、一切神の意志に従って生きていくことを決意したといえましょう。

四　「慈悲寛大自己反省」の体験

廣池は、大正二年一月、天理教の教育顧問、ならびに天理中学の校長として天理教本部に入りました。

初代管長中山真之亮《なかやましんのすけ》氏は、広い包容力を持ち、大きな視野のもとに天理教を考えていました。二人は、まさに肝胆相照《かんたんあいて》らす深い信頼関係で結ばれていましたので、中山管長は、廣池の提案する改革案を全幅的に受け入れ、教理の学問的体系化を依頼しました。

当時の天理教は、まだ正規の宗教団体として認められていませんでした。そのために、内務省の役人と天理教の幹部によって、経典作りがなされていました。ちょうどその「明治教典」といわれる教典が作られたころに、廣池は本部入りしたのです。当然、廣池はそれに目を通しました。ところが、その「明治教典」には、教祖の真精神が十分に表現されていないために、廣池は批判的でした。

大正三年十二月三十一日、中山管長が四十九歳で急逝するという、思いがけない事態が起こりました。廣池は最も信頼していた最大の理解者を失ったのです。

翌大正四年一月十二日、追悼記念講演会が開かれ、廣池は教育顧問として、延々五時間にわたって講演しました。

ところが、その講演の終わりのところで、例の「明治教典」の不完全を批判したために、かねてより廣池の存在を快く思っていなかった人たちの逆鱗《げきりん》に触れることになりました。そして、廣池に辞職を迫ったのです。

　このとき廣池は、「神の意思」に従って真に自己に反省しました。すなわち、自分にはなんら過失も罪悪もないにもかかわらず他人から非難、迫害を受けるということは、自分の不徳であると反省したのです。そして、すべての困難は神が与えてくれた「恩寵的試練」として、むしろ敵を愛する心で感謝したのです。

　ここで争っては、世界の平和唱道者になることはできないと自覚した廣池は、非難攻撃されたこと自体を「神の意思」として受容し、敵を大恩人と感謝しつつ、大正四年四月、天理教本部の要職から退きました。そのときの廣池には、財産もなく、家もなく、蔵書もなく、また一人の味方もなく、ただ残っているのは病を患っている弱い肉体だけでした。

　このように、明治四十二年に天理教に入信し、明治四十三年の誠の体験、大正元年の大患、そして大正四年の困厄という一連の体験によって、廣池は、かねてから研究してきた日本皇室の永続の真原因、天照大神《あまてらすおおみかみ》の「慈悲寛大自己反《じひかんだいじこはん》省《せい》」（慈悲にして寛大なる心となり且つ自己に反省す）の精神を体験することができたのです。

五　普遍的道徳原理を明らかにする

大正四年十二月に著した『伊勢神宮と我国体』は、明治四十一年に出版した『伊勢神宮』に二十二ページを追加して出したものですが、その中に「天祖天照大神の岩戸ごもりのご心事は『慈悲寛大自己反省』の大聖徳のご発現であることを学問的に発見した」と述べています。そしてこれが明治三十年以来、研究してきた皇室永続の原因、すなわち万世一系の国体を生ぜしめた最大原因であることを学問的に明らかにしました。

こうした経緯を経て廣池は、この天照大神の「慈悲寛大自己反省」の精神が、釈迦《しゃか》の慈悲、キリストの愛、孔子の仁、ソクラテスの正義と全く同質の最高道徳であること、そしてこの最高道徳こそ、宇宙自然の法則に適った生き方であることを、学問的に体系づけ、それを人類に遺《のこ》すことが学者としての自分の使命であると自覚しました。

それはまた、誰よりも人々を救う宗教の教えのすばらしさを熟知した廣池が、他方で、宗教の不完全さや限界に目覚め、学者である自己の本分に立ち返って、普遍的な道徳の確立をめざして道徳の科学的な研究を開始したことでもありました。

モラル・サイエンス、すなわちモラロジーは、大正四年から組織的な研究が始まり、大正十五年八月十七日に四千ページに及ぶ大論文『道徳科学の論文』を脱稿するまで、実に十一年の歳月を要しました。

現在、廣池千九郎記念館には、和・漢・洋の蔵書三万二千五百冊が保管されていますが、そのうち洋書が二千五百冊あります。廣池は、まず人間に関する科学、すなわち心理学、生理学、社会学、文化人類学といった当時における最先端の文献を欧米から取り寄せ、人間に関することをあらゆる角度から総合的に研究し、モラロジーという学問を創建しました。

次に、人間としての正しい生き方を聖人の生き方に求め、聖人の思想、道徳、事跡を研究し、そこに一貫する五つの道徳原理を確立しました。その道徳原理とは、自我没却、慈悲実現、義務先行、伝統尊重、人心開発救済の五つで、それらは人類の普遍的道徳原理として「最高道徳」と命名しました。

その後、昭和十年には、現在の千葉県柏市の地に、道徳科学専攻塾を開塾して、学校教育と社会教育の基礎を確立しました。

そして昭和十三年六月四日、求道者として生き抜いた廣池は、人類の安心、平和、幸福の実現をひたすら願いながら、巨星落ちるがごとく、その七十二年の偉大なる生涯を閉じたのです。

生涯を求道者として生きた廣池は、人間としての正しい生き方を聖人の生き方に求め、そして聖人の思想、道徳に一貫する最高道徳を自ら実践体得して、最高道徳こそ人類の安心、平和、幸福を実現する普遍的道徳原理であることを学問的に明らかにしたのです。

廣池は、まさにモラロジーを創建するために、この世に遣《つか》わされた人だったといえましょう。

あとがき

「事実は小説よりも奇なり」という諺がありますが、まさにそれを実感したのが、五年間の瑞浪生涯学習センターでの生活でした。その間、相談に乗った人は、おそらく千人以上になると思います。

人生上のさまざまな問題で、まさかこんなことはあり得ないだろうと思うことが、現実に起きているのです。

私たちは誰でも、幸せな人生を送りたいと願っています。一回限りの人生であるだけに、その願いは強いといえましょう。ところが、実際はなかなか自分の思うとおりにいかないのが現実です。

この地球上には、多くの民族、国家が存在し、歴史や伝統、風俗や慣習等がみな異なっています。また時代の推移によって生き方、考え方も変化していきます。

しかし、たとえどんなに時代が変わっても、また住む世界が違っても、人間の生き方のうえで本質的に変わらないものがあります。

それを私たちに教えたのが、聖人といわれる人類の教師です。

聖人は、私たち人間が大宇宙の中に生きる小宇宙として存在するかぎり、宇宙自然の法則に従わねばならないことを、自ら身をもって示したと言えます。

七十二年の生涯を求道者として生きた廣池千九郎は、人間として正しい生き方を聖人に求め、そこに一貫する生き方、すなわち考え方、ものの見方、心づかいと行いを人類の普遍的道徳（最高道徳）としたのです。

本書で述べましたように、私たちはみな神からすばらしい宝物、すなわち道徳心を与えられています。この道徳心こそ自然の法則である最高道徳を実行する力であることを、私たちはまず自覚すべきでしょう。

そして、私たちは生のあるかぎり、その道徳心を育てていくことが、人間の人間たる生き方であることをしっかりと認識したいものです。

廣池は、人間にとって最も価値あるものは、「品性」であり、その品性を向上させることが人生の目的であると教えています。さらに、品性向上は聖人の示した最高道徳を実行することによってはじめて可能であること、そして、品性の向上した分だけ、私たちの願いである幸福がもたらされることを学問的に明らかにしました。

言い換えれば、モラロジーは、品性と道徳と幸福の三つの関係を学問的に提示しているともいえます。

本書をお読みいただいた読者の皆様におかれましては、人生にとって道徳は不可欠であり、その道徳とは何かを正しく理解いただき、幸せな人生を送られますよう、心から祈念申し上げます。

最後に、本書を出版するにあたって、編集を担当いただいたモラロジー研究所出版部編集二課の久野信夫課長と忍足卓行編集員に心から感謝申し上げます。

岩田啓成（いわた・ひろなり）

昭和12年（1937年）、岐阜県生まれ。麗澤高等学校、麗澤大学を卒業。昭和38年より（財）モラロジー研究所に勤務、編集担当、青少年担当幹事、瑞浪生涯学習センター長、社会教育部部長、生涯学習本部副部長、地方部部長、常務理事を経て、現在、モラロジー研究所顧問。

モラロジー・カセットテープ『思いやりの座標軸——感謝と祈りの心』（モラロジー研究所刊）で感謝と祈りの大切さを訴える。

なぜ道徳は必要なのか

平成18年9月1日　初版第1刷発行
平成20年9月19日　第3刷発行

著　者　岩田啓成
発　行　財団法人 モラロジー研究所
〒277-8654 千葉県柏市光ヶ丘2-1-1
TEL.04-7173-3155（出版部）
http://book.moralogy.jp
発　売　学校法人 廣池学園事業部
〒277-8686 千葉県柏市光ヶ丘2-1-1
TEL.04-7173-3158
印　刷　中沢印刷株式会社

ISBN978-4-89639-124-4